宁夏电力市场考试培训系列教材

宁夏电力市场交易

培训教材

国网宁夏电力有限公司　组编

中国电力出版社
CHINA ELECTRIC POWER PRESS

内 容 提 要

本书为宁夏电力市场考试培训系列教材之一，与《宁夏电力市场交易培训题库》配合使用。本书由国网宁夏电力有限公司组织编写，以总结多年来宁夏电力市场运行的实践经验为基础，旨在提高市场运营机构和各类市场主体人员的理论水平和业务技能，以保障电力市场健康稳定运行。

本书以求同存异、除旧布新为主要思路，共 11 章，包括电力市场经济学基础、电力市场基础知识、国外典型电力市场情况、我国电力市场建设与发展情况、市场主体注册及管理、电力中长期交易、电力现货市场、电力辅助服务市场、电力计量及结算、信息披露、电力交易平台操作方法等内容。

本书可为各级电力市场运营机构和各类市场主体人员调考、技能比武、知识竞赛提供指导，也可为电力行业其他专业乃至社会各界了解电力交易知识提供参考。

图书在版编目（CIP）数据

宁夏电力市场交易培训教材 / 国网宁夏电力有限公司组编 . — 北京：中国电力出版社，2024. 11.
ISBN 978-7-5198-9198-5

Ⅰ . F426.61

中国国家版本馆 CIP 数据核字第 2024JA6787 号

出版发行：中国电力出版社
地　　址：北京市东城区北京站西街 19 号（邮政编码 100005）
网　　址：http://www.cepp.sgcc.com.cn
责任编辑：乔　莉（010-63412535）
责任校对：黄　蓓　于　维
装帧设计：郝晓燕
责任印制：吴　迪

印　　刷：固安县铭成印刷有限公司
版　　次：2024 年 11 月第一版
印　　次：2024 年 11 月北京第一次印刷
开　　本：787 毫米 × 1092 毫米　16 开本
印　　张：10.5
字　　数：221 千字
定　　价：67.00 元

编 委 会

前　言

　　宁夏电网是国家"西电东送"战略最早的重要送端，是国家电网重要送端直流群之一，风光火水多能互补发输变配稳定安全，是典型的"强电网、大送端"。目前，宁夏电网已形成 750kV "双环网、双联变"骨干网架结构，330/220kV 电网分区运行，省间"两通道、四联络"，两大超 / 特高压直流外送的运行格局，是全国首个外送超过内供的省级电网。区内方面，2023 年起，宁夏率先全面启动中长期市场分时段日融合连续运营，所有中长期交易分解至每日 24h，中长期市场由电量交易向电力交易转变，缩短交易周期、增加交易频次、丰富交易品种，实现年、月、旬、日交易周期全覆盖，充分发挥分时段价格机制，拉大峰谷价差，引导用户主动削峰填谷，有效促进新能源消纳和区内电力安全稳定供应。2023 年全年完成区内市场化交易电量 850.64 亿 kWh，同比增长 12.11%，占售电量 87.48%。外送方面，自 2011 年以来，宁夏电网向华北、华东、华中、西南等区域全力增送，外送已涵盖山东、浙江、上海、江苏、四川、重庆等 10 余省市，外送电量逐年实现跨越式增长。截至 2024 年 1 月，宁夏累计外送电量已突破 7000 亿 kWh，银东直流、灵绍直流利用小时数常年分别维持在 7000、6000h 以上，直流通道利用小时数均居全国前列，灵绍直流、银东直流宁夏外送占比提升至 90%。

　　为助力全国统一电力市场建设部署，保障市场主体合法权益，保证电力市场统一、开放、竞争、有序运行，同时，提高宁夏市场运营机构和各类市场主体人员的理论水平和业务技能，国网宁夏电力有限公司组织编写了宁夏电力市场交易培训教材和培训题库，建议配合使用。

　　培训教材主要包括电力市场经济学基础、电力市场基础知识、国外典型电力市场情况、我国电力市场建设与发展情况、市场主体注册及管理、中长期交易、电力现货市场、电力计量及结算、电力辅助服务市场、信息披露、电力交易平台操作方法等内容。培训题库包括单选、多选、判断、填空、简答、计算等六类题型，希望对运营机构和各类市场主体人员日常工作有所帮助。

　　由于编制时间紧、编制人员技术能力有限，如有疏漏之处，请广大读者提出宝贵意见建议，我们将不断改进完善。

编者

2024 年 8 月

目　录

第一章　电力市场经济学基础

第一节　经济学概述

经济学要解决的问题可以归为三个方面，即生产什么（what）、怎么生产（how）和为谁生产（who）。比如说，我们有一些小麦，是生产馒头、面包，还是啤酒（what）？生产规模应多大（how）？雇用多少工人、购买多少机器（how）？生产出来给谁消费（who）？经济学就是要寻找这三个问题的最佳方案，以得到最大的效益。这三个问题之所以存在，是因为资源总是有限的，而人的需求总是无限的，有限的资源与无限的需求就造成了资源的缺稀，而资源的缺稀就决定了我们要选择生产什么、怎么生产和为谁生产。从分析可知，经济学就是研究如何合理配置社会稀缺的资源，在最大程度上满足人们的需求。

通过不同的方式解决这三大问题，就产生了不同的经济体制。有三种主要的经济体制，即计划经济（plannedeconomy）、市场经济（marketeconomy）和混合经济。

计划经济是指令性经济（commandeconomy），由政府决定三大问题如何解决。政府决定整个经济的产业结构，生产什么，生产多少；政府决定企业的规模和组织结构，如何生产；政府决定生产出的产品的分配方法，即为谁生产。如果一些条件能够满足，比如政府能够得到所有行业的用户需求和企业成本的信息，相关部门能够按照社会总体福利最大的要求决策，并且其指令可以无差错地贯彻下去，计划经济就可以达到资源的最优配置。但是，这些条件在现实中常常不能够完全满足，政府只能得到部分信息，政府对经济的干预、控制措施常常受政府官员个人素质、水平、偏好等的影响，不一定是最优的，无法保证与社会利益最大化一致。这时就会发生"政府失灵"，资源不能够得到最优配置。

相反，市场经济是指由市场决定三大问题的解决方法。生产什么由消费者的消费要求决定，也就是说，哪种商品的价格或者利润高，消费者愿意购买的多，就生产什么；怎么生产由生产者之间的竞争决定，以最经济、最有效、成本最低的方式组织生产；为谁生产由市场上的供给与需求决定，谁愿意支付的价格高生产出来的产品就给谁。在一些条件下，比如市场完全竞争且信息完全对等，市场机制可以达到资源的最优配置。但是，这些条件在现实中同样不能够完全满足，也就是不完全竞争、信息不对等经常存在。这时就会发生"市场失灵"，同样不能达到资源的最优配置。

单纯的计划经济和市场经济都存在一定弊端，将它们进行结合，就可以互相弥补缺点，这就是混合经济。目前大多数国家的经济都是混合经济，政府与市场同时发挥作用，只是两者之间的比例不同，有的国家市场的作用大一些，有的国家政府的影响大一些。政府与市场谁应该占主导地位，向来是经济学领域的一个重要的问题，电力市场同样遵循此规律。

市场是一个复杂的社会和经济现象，其定义可以从多个角度进行解释。简单地说，市场是买者和卖者相互作用并共同决定商品或劳务的价格和交易数量的机制。可以将市场机制看作一部复杂而精良的机器，它通过价格和市场体系对个人和企业的各种经济活动进行协调。它也是一部传递信息的机器，能将成千上万的各不相同的个人的知识和活动汇集在一起，在没有集中的智慧或计算机的情况下，它解决了一个连当今最快的超级计算机也无能为力的、涉及亿万个未知变量的生产与分配问题。尽管没有明确的人为管理干预，市场却持续展现出高效的运作状态，实现了自我调节与平衡。

对于市场来说，价格是其核心，各种信息都通过产品的价格来体现。市场强调分散决策，由市场的各个参与者根据自己的利益最大化来决策。经济学的创始人亚当·斯密在《国富论》中用一段话指出了市场的这种分散决策的功能，即"一般地说，他并不企图去增进公共福利，也不知道他所增进的公共福利是多少。在他使用他的资本来使其产出得到最大的价值的时候，他所追求的仅仅是个人的利益。在这样做的时候，有一只看不见的手引导他去促进一种目标，而这种目标绝对不是他个人所追求的。这样，由于追求他自己的利益，他经常地促进了社会的利益，其效果比他自己真正想促进社会利益时所产生的效果还大。"也就是说，每个人在达到自己利益最大化的同时，也达到了整个市场或社会利益的最大化。没有人进行集中的指挥与决策，来规定应该生产什么和生产多少，但市场上一般不会出现所有厂商都去生产衣服而没有人生产鞋子的情况，相反，各种需要的产品都会有人生产，而且生产的各种产品的数量一般都与需求大致相当，这就是市场这只看不见的手的作用。

第二节　经济学基础

一、投入与产出

为了简化分析，假定有一个企业仅生产一种商品，其生产数量为y。为了实现该数量的产出，该企业需要有一定的投入，这些投入被称为生产要素（factor of production）。根据企业生产商品类型的不同，生产要素的变动范围会很广，生产要素的种类可能有很多，如原材料、劳动力、土地、建筑物或者机械设备等。假设上面提到的企业仅需要两种生产要素，则产出与投入的关系可以用生产函数（production function）来表示。该函数能够反映企业在商品生产过程中所使用的技术手段，表达式为

$$y=f(x_1 \cdot x_2) \tag{1-1}$$

式中：y 表示一个农民所生产的小麦数量；x_1 表示化肥的数量；x_2 表示他用于生产小麦的土地面积。

为了更好地理解生产函数的形状，可以将第二个生产要素设为常数，然后逐步增加第一个要素的数量。开始时，产出 y 会随着 x_1 的增加而增加。然而，对于绝大多数商品和技术而言，y 随着 x_1 的加大而增加的速率会逐渐降低，这一现象即是所谓的边际产量递减规律（law of diminishing marginal product）。

在所举的例子中，农民耕种固定数量土地的产出将随着施肥数量的增加而增加。显而易见，在达到一定的数量后，化肥的有效性会逐渐减少。同样，耕种更多的土地将增加小麦的生产数量。但随着土地的增加，产出增加的速率肯定会发生下降，原因是化肥的数量固定不变，而需要施用化肥的土地数量却在不断增加。

二、长期与短期

不同生产要素可以实现调整的速度也不一样。例如，一个果农为了增加苹果产量，他可以增加有机化肥的撒播量或者雇用更多采摘果实的劳动人员。在下次收获时，果农就可以感受到上述两种调整的作用。另外，也可以通过种植更多的果树来增加产量，但只有等到新栽的果树长成之后，苹果产量才能有所增长显然，后一种调整过程需要花费几年的时间。

实际上，长期与短期之间并没有明确的界线。如果时间足够长，所有的要素都可以实现调整，那么经济学家就定义其为长期（long run）。与之对应，短期内某些生产要素会固定不变。例如，假设生产函数的第二个变量的值是固定的并且等于 $\bar{x}_2$，则它会变成一个单一变量函数，即

$$y = f(x_1 \cdot \bar{x}_2) \tag{1-2}$$

图 1-1 描绘出了典型短期生产函数的形状。

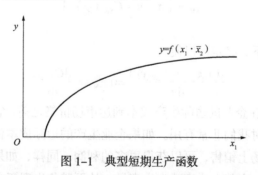

图 1-1 典型短期生产函数

在短期内，产出常常取决于单一生产要素的投入量。可以很方便地列出投入 - 产出函数，它是生产函数的反函数。

$$x_1 = g(y)，此时 x_2 = \bar{x}_2 \tag{1-3}$$

投入－产出函数显示了生产某一数量的商品需要投入多少变动的生产要素。图1-1描述了厂商在单位时间内的产出水平与生产投入之间的关系。据此，可以定义如下的短期成本函数

$$C_{SR}(y)=w_1 \cdot x_1+w_2 \cdot \bar{x}_2=w_1 \cdot g(y)+x_2 \cdot \bar{x}_2 \qquad (1-4)$$

式中：w_1和w_2分别为生产要素x_1和x_2的单位成本。

图1-2（a）给出了典型短期成本函数。边际产量递减规律使得该函数向上弯曲，但越往后越缓慢。正因为如此，成本函数的导数，即边际成本函数（marginal cost of function），是关于生产数量的单调递增函数。图1-2（b）给出了对应于图1-2（a）所示成本函数的边际成本函数。值得注意的是，如果生产成本的单位是元，那么边际成本的度量单位就是元／单位产品。针对任意给定的生产水平，边际成本函数的数值等于生产单位增量商品的成本。

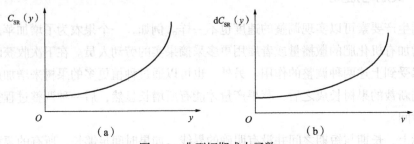

图1-2 典型短期成本函数

（a）典型短期成本函数；（b）对应的短期边际成本函数

利用边际成本函数，可以确定企业在完全竞争市场中的短期行为。没有哪个企业能够影响完全竞争市场的价格。为了实现利润最大化，竞争市场上的企业只能调整各自的产出。因为企业的利润等于它的收入和成本之差，所以它的最优生产水平可以表示为

$$\max[\pi \cdot y - C_{SR}(y)] \qquad (1-5)$$

式中：π为价格。

在最优解条件下，必定可以使

$$\frac{d[\pi \cdot y - C_{SR}(y)]}{dy}=0 \quad 或 \quad \pi=\frac{dC_{SR}(y)}{dy} \qquad (1-6)$$

式（1-6）说明，在企业的边际生产成本到达市场价格之前，它会继续增加生产量。理解上面的关系式将对我们非常有用。如果企业生产的边际成本低于市场价格，那么通过增加产出，并在市场上销售，可以获得更多的利润。同样，如果该企业生产的边际生产成本高于市场价格，它就会决定减少生产量，从而避免出现资金损失。

从长期来看，企业将会有更大的灵活性来决定如何生产，所以长期成本函数的定义要复杂得多。例如企业可以决定购买更昂贵的机器从而减少劳动力成本；反之，企业可以决定雇佣更多的劳动力来减少机器的采购成本。因此，生产函数不能再被当成是单一变量函数。假设企业的经营方式是最优的，也就是说，企业在长期过程中选择的生产要

素组合是最优的，它能使任一数量的商品生产都实现成本最小化。可以将长期成本看成是优化问题的解，该优化问题的数学表达式为

$$C_{LR}(y)=\min_{x_1\cdot x_2}(w_1\cdot x_1+w_2\cdot x_2)，同时 f(x_1\cdot x_2)=y \tag{1-7}$$

为了简便起见，在这里仅考虑两种生产要素。

三、成本与收益

价格是市场的核心，而成本是定价的基础。

（一）成本分析

此处的成本是指总成本（total cost，TC），是在某种技术水平和要素价格情况下生产一定数量产品的最低总费用，随着产量的增长而增大。需要指出的是，总成本是在一定情况下的最低总费用，是各种生产要素最优组合下的成本。比如，两台发电机组 A 和 B，额定输出功率均为 100MW，如果共同带 160MW 的负荷，有不同的组合方案，A 和 B 输出功率可以分别为 100MW 和 60MW、90MW 和 70MW、80MW 和 80MW 等。不同输出功率组合方案下，总发电成本是不一样的。根据发电机组的成本特性，最后一个方案，即两台机组均带 80MW 的负荷总成本最小，机组 A 和 B 共同承担 160MW 负荷的总成本是两台机组均带 80MW 负荷时的总成本，其他两个方案总费用会高于总成本。

经济学中一个非常重要的概念是机会成本。机会成本（opportunity cost，OC）又称经济成本，即已放弃的选择的最高价格。其与会计成本不同，不仅包括能看到的显性的成本，还包括一些看不到的隐性的成本。一般情况下，经济学中所指的成本都是机会成本。但通常所说的很多成本都是会计成本，它表示过去所实际发生的成本，不包括隐性成本。

总成本包括固定成本（fixed cost，FC）和可变成本（variable cost，VC）。其中，固定成本又称固定开销、沉淀成本（embedded cost，EC），是指企业在某时段即使在产量为零时也会发生的成本，与产量无关，产量的变化不会影响固定成本，如厂房的建设费、利息支出、抵押支出、管理者费用等；可变成本是指随产出水平变化而变化的成本，包括原材料、员工工资和燃料等。总成本等于固定成本与可变成本之和，即

$$TC=FC+VC \tag{1-8}$$

平均成本（average cost，AC）是总成本与产品数量之比。类似地，平均固定成本（average fixed cost，AFC）是固定成本与产量之比，平均可变成本（average variable cost，AVC）是可变成本与产量之比。

$$AC=TC/Q \tag{1-9}$$
$$AFC=FC/Q \tag{1-10}$$
$$AVC=VC/Q \tag{1-11}$$

前面讲到，短期是指一个可以调整可变投入，如原料和劳动，但不能调整全部投入的时期。也就是说，在短期内，至少有一项成本，如厂房或设备费不能调整。不能调整

的投入就是固定成本，可以调整的投入就是可变成本。长期指所有投入，包括劳动、原料和资本，都能进行调整的时期。因此，在长期，所有成本都是可变成本，没有固定成本。

在短期，固定成本是无法选择的，因此其成本不是机会成本。在长期，所有的成本都是可以选择、可以避免的，因此所有成本都是机会成本。

经济学中的一个重要概念是边际成本（marginal cost，MC）。边际就是增加额外一单位某变量时另一变量的变化，也就是斜率、微增率。边际成本就是多生产 1 单位产品所增加的成本。相应的，短期边际成本（short run marginal cost，SRMC）是在短期，固定成本不能变化的情况下多生产 1 单位产品所增加的成本；而长期边际成本（long run marginal cost，LRMC）则是在长期，所有成本都能变化的情况下多生产 1 单位产品所增加的成本，即

$$SRMC=d（VC）/dQ \qquad (1-12)$$

$$LRMC=d（VC）/dQ \qquad (1-13)$$

大多数产业在产量较小时边际成本随着产量的增加而降低，平均成本也随之降低。随着产量的增加，边际成本随产量增加而降低的幅度会越来越小，并逐渐变为随产量增加而增加。当边际成本增加到一定程度时，平均成本也开始随产量增加而增加。图 1-3（b）、（c）展示了短期的边际成本 MC、平均变动成本 AVC 和平均成本 AC 曲线之间的关系。从图 1-3（b）、（c）中看到，这几条曲线都是首先下降然后上升。观察图 1-3（c），MC 曲线分别在 A 点和 B 点与 AVC 曲线和 AC 曲线相交。当 MC ＜ AC 时，AC 是递减的；当 MC=AC 时，AC 不升也不降；当 MC ＞ AC 时，AC 上升，MC 和 AC 曲线的交点 B 是 AC 的最低点。同样，MC 与 AVC 也有类似的关系，它们在 AVC 的最低点即 A 点相交。这意味着若追求平均成本最低，应该将产出定在平均成本与边际成本相等的水平。

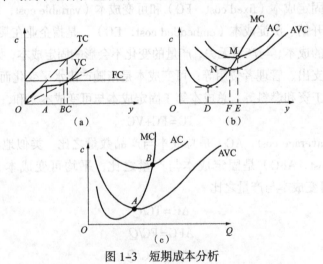

图 1-3　短期成本分析

（a）总成本、变动成本、固定成本与产出水平 y 的关系；

（b）边际成本、平均成本、平均变动成本与产出水平 y 的关系；

（c）短期成本曲线

（二）长期成本

长期是所有投入要素都可以变化的时期，短期是至少有一种投入不能变化的时期。我们通过短期平均成本曲线 SRAC 来研究长期平均成本曲线 LRAC。

SRAC 是一条 U 形的曲线，如图 1-4 所示。如果扩大生产规模，比如电厂增加装机容量，SRAC 将向右移动。随着生产规模的不断扩大，SRAC 将不断移动。对于不同的产量水平，最优的生产规模是不一样的。比如，图中对应的三个产量水平 Q_1、Q_2、Q_3，最优的生产规模分别是曲线 S_1、S_2、S_3 所代表的 SRAC 对应的生产规模。长期是所有投入要素的数量都可以调整的时期，因此长期成本函数就由所有短期成本函数在每一产量下的最低成本所构成。长期平均成本曲线就是短期平均成本曲线的包络线。

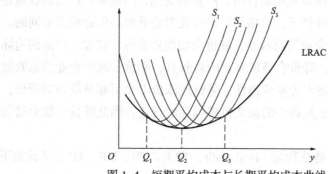

图 1-4　短期平均成本与长期平均成本曲线

在每一个产量水平上，长期边际成本等于此时最优生产规模对应的短期边际成本，即在长期平均成本与短期平均成本曲线相切的产量上，长期边际成本曲线与该短期成本曲线相应的边际成本曲线相等。

（三）规模经济

经常用规模经济与规模不经济来说明产量变动与成本之间的关系。比如对于函数 $c=c(y)$，有任意的常数 $t>1$，如果 $c(ty)<tc(y)$，则称生产是规模经济的；如果 $c(ty)>c(y)$，则称生产是规模不经济的。一般来说，在产量比较小时是规模经济，随着产量的增加逐渐变为规模不经济，平均成本曲线 AC 呈 U 形。

一个行业的规模经济性不是一成不变的，会随着需求、技术水平等的变化而变化。对于电力系统来说，无论发电还是输电，传统上都有较强的规模经济性。对发电来说，机组越大效率越高，成本越低；对电网来说，电网越大总成本越小。但是，随着分布式发电、微网技术等的发展，无论是发电领域还是电网领域，规模经济性都受到了很大影响。首先在发电领域，小型的分布式发电成本逐渐降低，并且具有清洁特性，逐渐可以和大型机组比拟；其次在电网领域，能独立运行的微电网出现对电网的规模经济性也造成了挑战。

（四）自然垄断

如果一个行业具有规模经济特性，企业越大成本越小，越有竞争力。在市场的自然竞争情况下，小企业会被大企业淘汰，最后仅保留一家最大的企业可以生存下去。这就是自然垄断。对自然垄断行业，整个行业的需求由一家企业提供的情况成本最小，因此从经济效率的角度，没有必要对具有规模经济的行业打破垄断。

（五）收益分析

总收益（total revenue，TR）是企业销售产品得到的所有收入，即价格与产量的乘积。而边际收益（marginal revenue，MR）是指出售额外 1 单位产品所能得到的收益的增量。供给曲线的变化会引起平衡点及均衡价格、产量的变化，因此生产厂商的收益也会随之发生变化。在不同的价格弹性下，价格和产量变化对企业收益的影响是不同的。如果需求缺乏弹性，降价会减少企业的总收益，涨价会增加企业的总收益，产品的边际收益小于 0；如果需求富有弹性，降价会增加企业的总收益，涨价会减少企业的总收益，产品的边际收益大于 0；如果需求为单位弹性，降价或涨价不会引起总收益的变化，产品的边际收益等于 0。电力行业是典型的缺乏价格弹性的行业，因此涨价一般会增加电力企业的总收益。

总收益减去总成本就是总利润（total profit，TP）。TR、MR、TP 表达式如下

$$TR = P \cdot Q \tag{1-14}$$

$$MR = d(TR)/dP \tag{1-15}$$

$$TR(Q) = TR(Q) - TC(Q) \tag{1-16}$$

从上面看到，企业利润是其产量的函数。当函数对产量的导数为零时，企业可以得到最大利润，即

$$d(TP)/dQ = d(TR)/dQ - d(TC)/dQ = 0 \tag{1-17}$$

则

$$d(TR)/dQ = d(TC)/dQ \tag{1-18}$$

$$MR = MC \tag{1-19}$$

也就是说，单个企业利润最大化的条件是，边际收入等于边际成本。注意到，在推导出这个结论时，唯一的假设是企业的成本和收益函数对产量连续可导，没有进行其他的特别的假设和简化。也就是说，"边际收入等于边际成本"这一企业利润最大化条件对所有类型的企业都适用。

第三节　相关理论基础

一、实时电价理论

（一）基本理论

实时电价（spot pricing）是麻省理工学院学者在 *Spot Pricing of Electricity*（1988）里系统地提出的这个概念。spot 在英语中是点的意思，这里的"点"有两个含义。一个是空间的点，一个是时间的点。所以，实时电价的含义是：让用户的电价与用电的时间及在电网中的位置密切相关，电价反映用户用电的真实成本。实时电价与以前的分时电价并不相同。分时电价的时段是预先确定的，而实时电价是根据实际的成本，一般一个小时或半个小时计算一次电价。

（二）垄断模式下实时电价的计算

实时电价的理论基础是经济学中的边际成本定价理论。实时电价也就是在某时对某负荷供电的边际成本，这个成本包括了所有相关的成本，如发电成本、输电成本等。在某个时刻网络中各个节点的实时电价取决于该时刻各节点的电力供需情况。具体包括三方面的内容：①电力需求，即负荷的情况，包括总负荷及在网络中的分布；②电力供给，即发电的情况，包括各个节点的发电容量 / 发电成本等；③网络情况，即输电网 / 配电网的情况，包括各线路的传输容量及损耗等。用公式表示为：$\rho_k(t) = \mathrm{d}C / \mathrm{d}[d_k(t)]$ 其中，C 为总供电成本，$\rho_k(t)$（单位：\$/kWh）为第 k 个用户在第 t 个小时的实时电价；$d_k(t)$（单位：kWh）为第 k 个用户在第 t 个小时的电量需求。

实时电价可以用不同的方式计算，在计算时需考虑一些约束，例如：①电能平衡，包括总电能的平衡（总发电量等于总负荷加网损）和各个节点的功率平衡；②发电限值，包括总发电能力的限值和爬坡速率的限值等；③线路潮流极限，包括正常运行情况下线路的传输极限及 N-1 情况下线路的传输极限；④电压限值，各个节点的电压要保持在一定范围内；等等。

（三）市场模式下实时电价的计算

电力市场模式下，发电企业及用户向负责市场出清的机构（如交易中心、调度中心）提交报价。在考虑各种约束后，以社会福利最大为目标进行市场出清。从数学上这也是一个优化问题，与垄断模式下最优潮流问题的差别主要在于：

（1）市场成员的成本（发电）或效益（用户）函数变成了报价函数。理想情况下，市场成员的报价应与成本或效益一致，但实际中，由于市场力等原因，两者常常不一致。

（2）在垄断模式下，最优潮流需要考虑所有的约束，包括电压约束、节点功率平衡约束、线路传输极限约束等。但在市场模式下，根据市场规则的不同，在一些市场可能仅考虑部分约束。有些市场模式下仅考虑功率平衡约束，有些仅考虑简化的区域传输功率约束，有些考虑全部的网络约束。

二、边际成本定价理论

经济学中，边际是一个很重要的概念，很多决策都需要根据边际值确定。比如，企业利润最大化的条件是：边际成本＝边际收益，理想市场中社会福利最大化的条件是：价格＝生产者的边际成本＝消费者的边际效益。

边际成本反映生产者增加单位产品时增加的成本，而不考虑之前投入的固定成本。边际效益反映消费者增加单位产品的消费时增加的效益，而不考虑之前消费的产品获得的效益。从整个社会来说，对于一个交易来说（生产者增加单位产品卖给消费者），只要增加的效益大于增加的成本，社会总福利就是增加的，不需要考虑已经发生的、无法改变的固定成本。当然，从长期看，所有成本都是可变成本。但在短期，在进行一些运行的决策时，固定成本不应该影响运行阶段的决策。

（一）边际成本定价理论在输配电服务定价中的应用

电在电网中传输的成本主要包括两部分：投资成本和运行成本。对于一些远距离输电的线路，一旦建成投运，其投资成本就变成了固定成本，不应该影响其日常的运行决策。运行成本包括设备的检修维护成本、为保证电网安全运行的辅助服务成本以及传输造成的网损等。为了简化分析，这里仅考虑网损，忽略其他运行成本。电力传输的主要效益是不同地区之间发电成本的差异。因此，在这种情况下，只要两个地区之间的发电成本差大于网损成本，就应该进行传输，而不考虑之前的投资成本。当然，在进行输电线路的规划、建设决策时，需要考虑全部的成本。

【算例分析】假设 A、B 两地建设了一个远距离输电线路，投资 10 亿元，年财务成本为 0.8 亿元（反映利息、投资回报需求等），按年输送 8 亿 kWh 电量计算，折算传输单位 kWh 的成本为 0.1 元。A 地发电的边际成本是 0.2 元，B 地发电的边际成本是 0.28 元，A、B 之间输电的网损为 5%。考虑网损 A 地发电的成本为 0.21 元。这部分需求的年用电量在 6 亿～ 12 亿 kWh 之间。

成本效益分析：A、B 之间输电的边际成本：$0.2 \times 5\% = 0.01$（元 /kWh）。A、B 输电的边际效益：$0.28 - 0.2 = 0.08$（元 /kWh）。这样，由于边际效益大于边际成本，该交易应该成交，社会福利为：边际效益 – 边际成本 $= 0.08 - 0.01 = 0.07$（元 /kWh）。表 1-1 给出了不同需求量下 A、B 之间交易的成本效益分析。

表 1-1　　　　　　　　　　A、B 之间交易的成本效益分析

情景	1	2	3
需求（亿 kWh）	6	8	10
B 发电成本（亿元）	1.68	2.24	2.8
A 发电成本（亿元）	1.26	1.68	2.1
交易效益（亿元）	0.42	0.56	0.7

（1）一部制电量价格下的结果（见表 1-2）。如果输电电价按综合成本定价，价格 = 综合财务成本（0.1 元）+ 可变成本（0.01 元），则从 A 到 B 输电的价格为 0.1+0.01=0.11（元 /kWh）。由于这个价格大于了 A、B 之间输电的效益 0.08 元 /kWh，因此交易无法达成。最终 B 地区的电力需求仍然需要由 B 地区的发电企业发电。由于没有输电，输电线路所有者没有任何收入。

表 1-2　　　　　　　　　　一部制电量电价下的结果

情景	1	2	3
需求（亿 kWh）	6	8	10
B 购电成本（亿元）	1.68	2.24	2.8
A 发电成本	0	0	0
网损	0	0	0
A 售电收入	0	0	0
输电收益	0	0	0
A 利润	0	0	0

（2）两部制电价下的结果（见表 1-3）。从上面的分析看，在一部制输电电价下，从社会福利看应该成交的交易无法成交。这个问题可以用两部制电价解决，即价格由电量电价和容量电价（即通常所说的基本电费电价）两部分组成。电量电价按月或按更细的周期收取，与输送的电量有关；容量电价按年收取，仅与其容量（装机容量或变压器容量）或最大负荷（最大发电功率或最大需量）有关。由于 A、B 之间的线路的受益对象包括 A 地区的发电和 B 地区的负荷受益，假设其容量电价为两者分别承担一半的财务成本，即分别每年需要缴纳 0.4 亿元（实际中，A、B 分别有很多不同的发电商和用户，可以将总费用根据其峰荷在不同的主体之间分摊）基本电费。也就是说，A、B 之间无论实际中传输了多少电量，都需要每年支付 0.4 亿元。在这种情况下，A、B 之间进行电力传输交易时增加的成本仅仅是网损，远远小于 A、B 之间交易的效益（发电成本差），

因此交易可以成交。具体成交的价格与双方的谈判能力有关。假设成交价为到岸价（B区的用户总的购电价格）0.24 元 /kWh。

表 1-3		两部制电价下的结果	
情景	1	2	3
需求（亿 kWh）	6	8	10
B 购电成本（亿元）	1.44	1.92	2.4
A 发电成本（亿元）	1.26	1.68	2.1
网损（亿 kWh）	0.06	0.08	0.1
A 售电收入（亿元）	1.38	1.84	2.3
输电收益（亿元）	0.6	0.8	1
A 利润（亿元）	0.12	0.16	0.2

可以看到，如果采用两部制电价，由于输电成本主要以固定成本出现，与实际的传输量没有关系，市场主体从自身利益出发，很容易达成 A 到 B 的传送交易。但在一部制定价下，虽然从社会看 A 到 B 的交易有较大的社会效益，但由于较高的输电电价的存在，使得交易无法达成。

广州交易中心 2017 年 4 月 28 日组织了云南送广东月内临时挂牌交易，挂牌规模 10 亿 kWh，仅有两家成交，成交电量 95.1 万 kWh。虽然有水库腾库迎汛等其他原因，但输配电电价定价机制的不合理也是其中一个不可忽视的原因。

（二）两部制输配电电价的定价方法

由以上算例分析可看出，采用两部制定价相对一部制电量电价可以较好地引导资源的优化配置。在实际应用中，关键要解决的问题是两部制分别如何确定。

1. 两部制价格的确定

输配电的电量电价主要考虑网损及运行成本，容量电价主要考虑其对电网投资的影响。由于电网规划主要考虑系统峰荷情况，因此容量电价一般基于用户（这里指电网用户，包括发电和负荷）对系统最大负荷的影响确定。考虑到电网中有些元件的最大负荷不一定出现在系统峰荷时刻（如系统峰荷是 8 月 8 日晚上 8 点，但某条线路的最大负荷可能出现在 2 月 5 日早上 6 点）。在确定容量电价时，也可以考虑多种系统状态，对不同的输配电设备考虑不同的状态下用户对其的影响。

2. 容量电价的收取和变更周期

容量电价主要是为了收回输配电设备的固定投资。电网的规划、建设都会考虑负荷长期的变化和年度最大负荷，因此容量电价一般按年计算和收取。用户的容量电费一般按其容量或最大需量确定，在用户的容量或最大需量发生变化时，容量电费一般在下一年度里再进行调整。过于频繁的调整，将在一定程度上扭曲价格信息，不利于电网的可持续发展。例如，某用户的容量电价按变压器容量收取。年初的容量是 10MW，容量电价为每月 0.2 元 /kWh，一年的容量电费为 2.4 万元。假设其在 7 月由于生产的变化变压器容量变为 5MW，7 ～ 12 月的容量费按 5MW 计算，则其年总容量电费为 1.8 万元，比之前少了 0.6 万元。如果对电网收入是按照固定的准许收入方法管制，则这部分少交的钱仍然需要以另外一种方法回收，如果滚动到下年，相当于所有用户将为这部分费用买单。

3. 容量电价的计算

容量电价的计算应该基于电网的长期边际成本。其计算需要重点解决两个方面的问题：①某设备上的传输功率增加对设备成本的影响；②不同位置的电网用户负荷增加对设备传输功率的影响。

对于第一个问题，传统上是采用综合成本法，即根据线路的总成本和最大传输容量，计算单位传输功率的成本；英国巴斯大学李芙蓉教授等提出了考虑对扩建时间影响的净现值方法计算设备上功率增加对设备成本的影响。

对于第二个问题，关键是计算电网中不同节点的注入功率变化时对网络中每条线路潮流的影响。由于电网潮流的非线性、不可跟踪性等原因，使这个问题非常复杂，目前还没有被广泛认可的、绝对正确的方法。

4. 容量电价的收取方法

每个电网用户应该缴纳的输电费用主要考虑其年峰荷计算，实际中，也可以将一部分费用转化为电量电费。比如，对于没有安装实时电表的用户，由于无法准确得到其实时的负荷，可以根据其电量收费，但价格需考虑典型负荷曲线的特性。比如，已知某电网的容量电价为每年 600 元 /kW，某用户年用电量 10000kWh，根据其典型负荷曲线（见图 1-5）计算峰荷为 2kW，则计算得到该用户需要缴纳的电费为：600×2=1200 元。

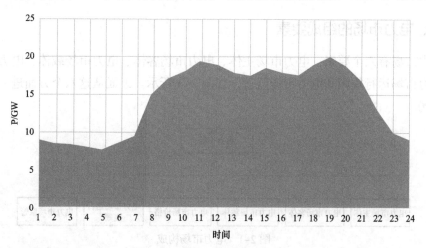

图 1-5　用户典型日负荷曲线

第二章 电力市场基础知识

第一节 电力市场概述

一、电力市场的定义

电力市场具有广义和狭义两种定义。广义的电力市场是指电力的生产、输送、出售以及使用关系的总称。狭义的电力市场是特指具有竞争特性的电力市场，是发电方和电力需求方通过商洽、竞价等形式就电能及相关电力产品进行交易，并通过市场各参与方之间竞争确定价格和数量的一种机制。

从经济学的角度来看，电力市场是一个能够出价购买、开价销售的系统。电（包括功率与能量）是可供购买、销售并进行交易的商品，通常以财务或凭证交换的方式进行采购与短期交易，依循供需法则决定价格。长期交易合约则类似购电合约，普遍被认为是私人间的双边交易。

从商品属性角度来看，电力市场的本质是还原电能商品的商品属性。电力市场相较于普通商品市场具有显著的特殊性，即电能的生产、传输及消费几乎是瞬间同时完成，不能大量存储，因此电力供需必须要保持严格的实时平衡。为了确保电能的供应安全，需要设立专门的电力调度机构对电力平衡采取强有力的、精确的过程控制，确保电力系统的稳定运行。

二、电力市场的组成要素

电力市场有六个要素：电力市场主体、电力市场客体、电力市场载体、电力市场价格、电力市场运行规则和电力市场监管，如图 2-1 所示。下面从这六个方面进一步了解电力市场。

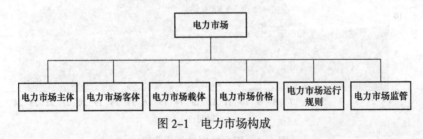

图 2-1　电力市场构成

（一）电力市场主体

电力市场主体包括发电企业、电网企业、售电企业、电力用户以及各类新兴市场主体，如图 2-2 所示。

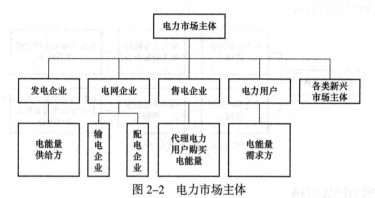

图 2-2　电力市场主体

（1）发电企业是指电力系统中的电能量供给方，向系统提供电能量和电力调节服务。发电企业按规则参与电力交易，签订和履行各类交易合同，签订并执行并网调度协议，依法依规披露和提供信息，服从电力调度机构统一调度。

（2）电网企业为输电企业与配电企业的合体，主要负责电网系统安全，提供公平的输配电服务和电网接入服务，保障电网公平无歧视开放；向用户提供供电服务，履行确保各行业用电的基本责任；按照政府授权开展代理购电业务；依法依规披露和提供信息；按规定收取输配电费，提供电费结算服务。

（3）售电企业代理电力用户从电力市场中购买电能、满足电力用户用电需求，也可向电力用户提供增值服务。按规则参与电力市场化交易，签订和履行市场化交易合同；按规定支付电费，依法依规披露和提供信息，服从电力调度机构统一调度。

（4）电力用户是指电力系统中的电能量需求方，从系统获得电能量，也可参与系统电力调节服务。电力用户按规则参与电力市场化交易，签订和履行市场化交易合同，按规定支付电费，依法依规披露和提供信息，服从电力调度机构统一调度。

（二）电力市场客体

电力市场客体是指市场上买卖双方交易的对象，市场上交易的各种商品都是市场客体。在电力市场中，交易的客体不仅限于电能，还包括电力辅助服务或期权等，这与电力市场的发展相关联。

（三）电力市场载体

电力市场载体就是电力市场运营机构和电力系统运行机构，如图 2-3 所示。电力市场运营机构，又称电力交易机构或电力交易中心，是按照政府批准的章程和规则，构建保障交易公平的机制，为各类市场主体提供公平优质的交易服务，确保信息公开透明，促进交易规则完善和市场公平的机构。电力系统运行机构，又称电力系统调度机构，执行市场交易计划，负责电力系统运行调度及电力系统的实时平衡，保证电力系统安全稳定、优质经济运行的机构。

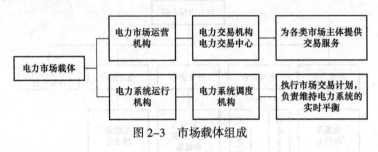

图 2-3　市场载体组成

（四）电力市场价格

电力市场价格，又称市场电价或电价，是电力市场中电能交易的价格，是电力市场中的核心和杠杆。电价是电力市场中供需关系变化最敏感的信号，也是管控电力市场的重要工具。电价也具有与普通商品一样的自发性和盲目性的特征，因此为维护公平竞争和价格水平稳定，对电价的调控监管必不可少，而对电价调控监管则离不开对其形成机制和结构的研究。

电价的形成机制遵循市场规律，由电能本身价值和供需调节而定。如图 2-4 所示，电价的结构包括电价组成和电价体系。电价由市场成本、期间费用、利润和税金四个部分组成；电价体系指电价之间的比价关系、差价关系和其他内在价值联系，其关系会随国民经济的变化而受到影响。

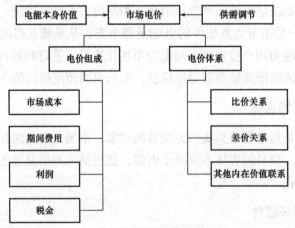

图 2-4　市场电价结构

（五）电力市场运行规则

市场规则是市场主体参加市场交易活动的行为规范，是维持市场正常运作的约束条件，也是市场运作的先决条件和保证。通常运行规则由政府制定，由政府监督或授权某组织机构代替监督和管制执行。市场运行规则通常包括市场准入规则，市场交易规则和市场竞争规则三种。

（1）市场准入规则主要是对市场主体资格的若干规定。市场主体要按照法人资格要求进行审查，合格者可以进入市场。各类电力企业要进入电力市场，必须按国家规定的联网技术标准和经济管理标准，服从电网调度机构的统一调度，接受统一管理。

（2）市场交易规则是电力企业之间及其与用户之间的交易活动，必须按照《合同法》中所规定的有关条款进行。交易双方都要在自愿、等价、互惠基础上签订经济合同，规范双方的责、权、利。

（3）市场竞争规则是指当事双方符合平等竞争的市场条件所应遵循的市场准则。例如，政府制定的对电力企业投入的生产要素和电力产品价格，要统一质量、统一标准要求，明确双方税赋要公平承担等。

（六）电力市场监管

电力市场监管是指根据市场规则，通过法律、行政、经济和媒体等方式，对电力市场的运行进行监督管理的过程。市场监管具备公正性、法律性和可变性等特性，具备预见、监督、判断、补救、仲裁和情报等六项基本职能。电力市场监管的对象包括电力市场主体和电力调度交易机构。

三、电力市场结构

电力市场结构是构成一定系统的诸要素之间的内在联系方式及其特征。电力工业由发电、输电、配电和售电四个必不可少的环节构成，电力市场的结构就是这四个环节以及用电客户之间的相互关系。电力工业有四种基本的结构模式，根据竞争在市场中的强弱程度，我们划分了四种典型的电力市场结构模式，即垂直垄断模式、单一买方模式、趸售竞争模式和零售竞争模式。这四种基本结构模式依次从垄断性转向竞争性。

（一）垂直垄断模式（纵向一体模式）

经济学中存在完全垄断、寡头垄断、自由竞争等市场模式概念。对应于经济学中市场的完全垄断模式的概念，在电力市场称之为纵向一体（vertical integrated monopoly）模式，又称垂直垄断模式，是在电力放松管制之前普遍采用的电力市场结构。所谓纵向一体模式，是指在一个地区只有一个电力企业负责发电、输电、配电和售电，如图2-5所示。这是一个完全垄断的市场模式，用户没有选择的余地。在大多数国家，这个市场是由政府或国有企业垄断的（如墨西哥），少数国家是由受管制的民营企业垄断的（如放松管制前的美国、德国等）。

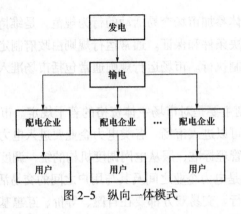

图 2-5　纵向一体模式

纵向一体模式可以充分发挥发电的规模经济效益，这也是一百多年来各国电力行业一直垂直垄断的原因之一。但近年来发电的垄断特性受到了质疑。其实得到普遍认可的只是机组的规模经济，电厂和整个发电环节并不一定具有规模经济，而机组也不是规模越大越经济。核电机组的最佳容量为 900～1000MW，燃煤机组的最佳容量为 500～600MW，而燃气蒸汽联合循环机组（CCGT）的最佳容量为 250～400MW。对于较小或输电网不发达的系统，发电垄断是合理的，但对大系统来说发电垄断就没有经济依据。

纵向一体模式下的电力企业拥有电厂、电网的完全信息，可以最佳地协调发电和输电，可以用最低的成本进行调度，可以更容易地进行电源和电网一体化优化计划和扩展。当然如此庞大的一体化企业在管理上必然有很大难度，需要有完善的企业管理体制才能发挥其优势。

电力工业纵向一体模式的最大经济优势就是几乎没有交易成本，因为纵向一体模式下，无论是发电、输电，还是配电都是电力公司内部的事务。纵向一体模式下，只有一家电力企业，也就无所谓竞争。没有竞争，电力企业就没有动力改进技术降低成本。

纵向一体模式下的电价是垄断电价，由于定价受到政府的管制，这就有可能产生两种倾向，即定价过高和定价过低。定价过高，电力企业获得大量超额利润，导致社会资源配置不合理。而定价过低一般是由于政府将电力作为一种公益事业造成的。电价过低将会造成电力企业没有充分的资本积累进行再投资和改进技术，导致电力工业技术落后，甚至缺电。

但当电力工业发展到一定阶段，电力工业的规模越来越大，垄断经营的弊端逐步显现同时，科学技术的发展和控制水平的提高也为电力工业的改革创造了相当的条件。电力市场改革水到渠成。

在电力工业的发、输、配、售四个环节中，发电环节因为相对独立，对原有的管理模式的变更影响相对较小，而对于降低成本，控制电价又有着积极的作用，因此发电环节被大多数国家和地区选中，成为电力工业改革的先行者。

（二）单一买方模式

电力市场改革始于发电侧，即开放发电环节。这种市场结构被称为单一买方模式（single buyer），又叫统一购买模式，即只有一个买电机构负责向发电商购电以满足负荷需求，如图 2-6 所示。这种市场结构下，发电环节独立出来，市场存在多个发电商。至于配电环节，可以仍然与输电一体。单一买方也就是国内常说的"厂网分开，竞价上网"。

单一买方模式市场并不意味着这是一个买方垄断的市场，这里的单一买电机构只是用户的电力代理，而不是用户的利益代理，不会为了用户的利益进行垄断定价。单一买方模式区别于纵向一体模式的最大特点就是发电环节引入了竞争机制。

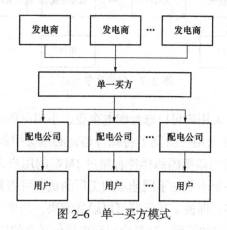

图 2-6 单一买方模式

单一买方模式下，发电商承担了更多的风险，包括投资风险、管理风险、可能的竞争价格风险和燃料供应商的信用风险等。发电商的生产成本、设备状况等信息已经是商业机密，发电商有可能借此动用市场力，因此必须对电力市场进行有效的监管。

单一买方的市场模式最大的缺点在于需求侧缺乏价格弹性，当市场的供需情况紧张时，需求的刚性会造成市场上电价飞升。东北区域电力市场的试运行期间，市场组织者由于缺乏经验，在供不应求的情况下，市场成员串谋，合伙抬升电价，致使市场电价飞升。在经济学上为抑制市场成员动用市场力，必须增加需求的弹性，因此应在配电环节引入竞争，即趸售竞争。

（三）批发竞争模式（趸售竞争模式）

批发竞争模式，又称为趸售竞争模式，如图 2-7 所示，在这种情况下，配电企业和大用户有选择发电商价格交易的权利，发电商可以把电卖给不同的配电企业或大用户，而不是只能卖给单一买电机构。在这种市场结构下，输配分离，配售没有分离，各个供电企业作为市场成员参与市场竞争竞价配电。因此，趸售竞争要求输电网必须无歧视地向所有市场成员开放。

相较于单一买方模式而言，趸售竞争模式形成了多买多卖的市场，市场竞争更加激烈，市场这只无形的手将发挥更大作用，资源也会得到更合理的配置。同时趸售竞争模式使得市场成员之间的交易更多也更加频繁，交易成本也会显著增加。

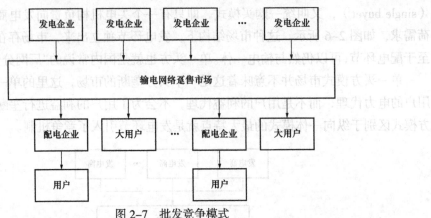

图 2-7　批发竞争模式

在这种市场结构下，大用户可以选择配电企业，小用户仍然没有选择权，必须由当地的配电企业供电。既然大用户得到了特殊待遇，必然会引起一个有争议的问题，即如何界定大用户。如果像当年英国那样符合超过 1MW 的用户为大用户，那么一个居民可否作为一个大用户，一个企业在不同地点的工厂的负荷可否累加起来作为一个用户对待，类似的问题还有很多。即使上述问题可以顺利解决，如果大用户的趸售电价比普通用户低，必然会引起小用户的不满，这又会引起市场公平性的讨论。在趸售竞争模式下，配电企业必须面对两种电价，即趸购电价和用电电价。这就使配电企业面对很大的价格风险。

尽管存在种种争议，趸售竞争模式毕竟在配电侧引入了竞争。这样配电企业努力通过降低成本，改善服务来争取用户。为了解决上述问题，使配电企业摆脱尴尬的局面，售电侧也必须引入竞争环节，这就是零售竞争。

（四）零售竞争模式

零售竞争（retail competition）模式（见图 2-8）下允许所有的用户选择供电商，即零售商、配电企业甚至是发电商。零售商不拥有任何配电网络，只是将发电商的电转卖给用户。这就要求不仅输电网要向市场成员开放，配电网也必须开放。零售竞争模式下，原有的配电企业也可以经营零售业务，不再仅对本地区的用户售电。一些国家还允许发电商自己组建零售商向用户销售电力。一个零售商只能经营一类业务。这可以通过零售许可证制度实现。零售竞争市场充满了竞争，包括发电商之间的竞争、零售商之间的竞争、用户之间的竞争；充满了选择，包括发电商与零售商的双向选择、零售商与用户的双向选择、发电商与用户的双向选择；也充满了风险，包括投资风险、管理风险、价格风险、信用风险（发电商、零售商、用户都必须承担）。一些国家还允许发电商自己组建零售商向用户销售电力。零售竞争模式下交易成本会更大，所以零售竞争模式的实现一般需要一个循序渐进的过程，首先允许较大的用户选择供电商，然后逐渐降低门槛，最后允许所有的用户选择供电商。

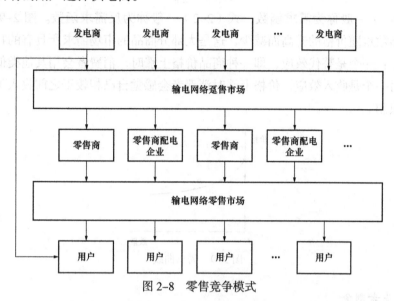

图 2-8 零售竞争模式

零售竞争模式下，电力工业达到了最大的市场化，所有市场参与者的能动性都将被调动起来，实现真正意义上的市场化运作，即分散决策。

第二节 电力市场相关基础理论

一、电力市场需求与供给

（一）电力市场需求

1. 需求曲线

需求是人类经济活动的出发点。在社会中，所有个人需求的总和构成市场需求。某种商品的市场需求，是指在一定时期内市场消费者愿意并有能力购买的该商品的数量。市场需求受到消费者的平均收入水平、市场规模、替代物品的价格和可获得性以及个人偏好、宗教信仰和政府政策等多种因素的影响。

如果假定除商品的价格以外所有其他的因素都保持不变，则市场需求量随价格变化的需求曲线如图 2-9 所示。因为集中了足够多的消费者的需求特征，因此个人需求所具有的不连续性被消除，曲线变成连续的。如果用 Q_d 代表消费的数量，π 代表商品的价格，则曲线可以表示为

$$Q_{\mathrm{d}}=f_{\mathrm{d}}(\pi) \qquad\qquad (2-1)$$

或写为

$$\pi=f_{\mathrm{d}}^{-1}(Q_{\mathrm{d}}) \qquad\qquad (2-2)$$

式（2-1）一般称为需求函数，式（2-2）一般称为反需求函数。图2-9说明市场消费的商品数量随价格的升高而减少，这是大部分商品的市场需求所具有的特性。原因主要有两个：一个是替代效应，即一种商品价格上涨时，消费者会用其他类似的物品来替代它；另一个是收入效应，价格上涨时消费者会感觉自己相较于之前收入下降，消费欲望受到限制。

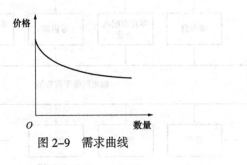

图 2-9　需求曲线

2. 消费者剩余

消费者在不同的消费可能之间进行选择的依据是商品的效用，即商品带来的一种满足的感受。当消费者连续消费越来越多的某种商品时，他从后一单位商品的消费中获得的满足是低于前一单位商品的，这就是边际效用递减规律。消费者以相同的市场价格购买某种商品的每一单位，而享用到的价值越来越小，因此用商品的价格乘以数量得到的货币价值作为该商品的经济价值是不合理的。经济学上将消费者购买的每单位商品与愿意为该单位商品支付的价格的乘积之和定义为消费者总效用，而将消费者总效用与为此商品支付货币的总额之间的差值，即代表着"所得到的大于支出"的部分，定义为消费者剩余。考察消费者剩余更能表明商品对消费者的价值。图2-10示意了消费者总效用和消费者剩余的概念。

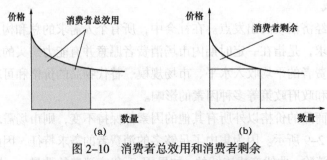

图 2-10　消费者总效用和消费者剩余
（a）消费者总效用；（b）消费者剩余

22

（二）电力市场供给

1. 供给曲线

生产者提供商品的目的是为了追求利润，因此，当商品的市场价格相对于生产成本较高时，生产者会决定增加该商品的供给量；而当市场价格相对于生产成本较低时，生产者就会减少供货数量，转向其他商品的生产，因为这种情况下生产该商品的机会成本很高。将足够多生产者的供给特性集合起来，就得到一条平滑的、向上倾斜的供给曲线，如图 2-11 所示。

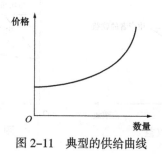

图 2-11 典型的供给曲线

供给函数用数学表达式表示为

$$Q_s = f_s(\pi) \tag{2-3}$$

改写为

$$\pi = f_s^{-1}(Q_s) \tag{2-4}$$

即为反供给函数。

影响供给的因素不只是价格，生产成本也是决定供给曲线的重要因素。此外，相关商品的价格、政府的政策以及特殊因素如天气等对供给曲线也有影响。但本节假设了其他因素都是不变的，只考虑价格的影响。

不同生产者生产的商品处于供给曲线的不同位置，机会成本与市场价格相等的生产者是边际生产者，如图 2-12 所示。如果市场价格下降，这个生产者就不值得继续生产。相反，边际内的生产者其机会成本低于市场价格。

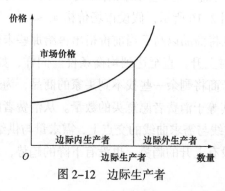

图 2-12 边际生产者

2. 生产者的收益

由于商品的供给是以相同的价格交易的，所以生产者的收益等于交易的数量与市场价格的乘积，如图2-13阴影部分所示。生产者的剩余或生产者的利润则产生于以高于其成本的价格进行的交易，如图2-14所示，等于供给曲线与市场价格水平线之间的面积。成本低的生产者分享的利润就多，边际生产者则处于盈利的临界状态。

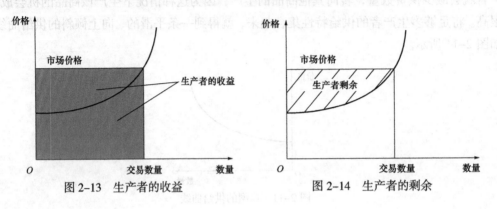

图 2-13 生产者的收益　　　　图 2-14 生产者的剩余

（三）市场均衡

在一个完全竞争市场中，决定价格及交易数量的一方面是所有消费者的集体行为，另一方面是所有供给者的集体行为。当供给者愿意提供的数量等于消费者想要购买的数量时，市场均衡就产生了，此时的价格称为均衡价格或市场出清价格 π^*，它是下列方程的解

$$f_{\mathrm{d}}(\pi^*)=f_{\mathrm{s}}(\pi^*)\qquad\qquad(2-5)$$

市场均衡也可以用反需求函数和反供给函数的形式来定义。消费者为购买某数量的商品所愿意支付的价格等于生产者供给此数量的商品希望得到的价格时，就确定了均衡产量 Q^*，即

$$f_{\mathrm{d}}^{-1}(Q_{\mathrm{d}}^*)=f_{\mathrm{s}}^{-1}(Q_{\mathrm{s}}^*)\qquad\qquad(2-6)$$

图2-15表示了市场均衡，它发生在供给曲线和需求曲线的交点，此时消费者和供给者都得到了满足。如图2-16所示，假设市场价格 $\pi_1 < \pi^*$，则需求大于供给，一些生产商必然意识到他们可以将商品以高于当前价格出售给那些未得到满足的消费者，交易数量因此增加，价格同时上升，直至达到均衡条件。同样，如果市场价格 $\pi_2 > \pi^*$，供给将大于需求，一些生产商将剩余一些找不到买家的商品，为避免陷入这种情况中，他们将减少商品产量直至其等于消费者愿意买的数量。从消费者的角度来分析可得出同样的结论。因此，在供给曲线与需求曲线的交点上，需求量与供给量相等，既不存在短缺，也不存在剩余，价格既没有上升的趋势，也没有下降的趋势，市场处于一种相对稳定的状态。

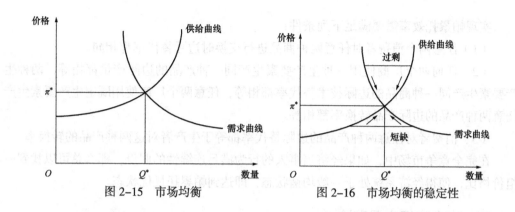

图 2-15　市场均衡　　　　　　　图 2-16　市场均衡的稳定性

（四）帕累托效率

上述内容分析了竞争市场的运行机理。在自由竞争的市场体制中，每个参与者都在不断追求自身利益最大化。尽管参与者不打算促进公共利益，也不知道他对此正在促进多少，但在他们追逐个人利益的同时，在一定程度上增进了社会利益。由此，经济学家证明，竞争市场是迄今为止最有效的资源配置方式，社会的各类人群对自身利益最大化的不断追求可以使整个社会的经济资源得到最合理的配置。帕累托（Pareto）效率，也称帕累托最优，常用来表征资源分配的理想状态，它是指针对固有的一群人和可分配的资源，没有一个人的境遇能在不使其他人的境遇变得更糟的情况下变得更好。也就是说，在市场达到帕累托效率的情况下，如果任一市场参与者要增加利益的话，只能通过使其他参与者的利益减少来实现。

帕累托效率可以指消费的帕累托效率、生产的帕累托效率以及社会一般的帕累托效率。社会一般的帕累托效率是指资源在生产者和消费者之间的分配达到最优，它是通过商品交换实现的。如图 2-17 所示，假设商品交易不是发生在市场均衡点，如交易数量为 Q，小于均衡数量 Q^* 时，则最终交易价格可能介于生产者愿意出售的价格 π_1 与消费者愿意支付的价格 π_2 之间，但不论具体价格是多少，生产者和消费者的利益都有所增加，因此这种情形不是帕累托效率的；同理，非均衡价格的交易也不是帕累托效率的。

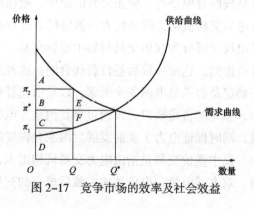

图 2-17　竞争市场的效率及社会效益

实现帕累托效率需要满足下列条件：

（1）任意两个消费者对任意两种商品进行交换时边际替代率都相同。

（2）任何两个厂商使用一种生产要素生产同一种产品的边际产量都相等，两种生产要素生产同一种商品的边际技术替代率都相等，任意两个厂商使用既定生产要素生产任意两种产品的边际产品转换率都相等。

（3）消费者对任意两种产品的边际替代率都等于生产者对这两种产品的转换率。

在完全竞争市场中，如果经济当事人的行为满足连续性的假设，那么总可以找到一组价格比，使得经济系统处于一般均衡状态，即达到帕累托最优状态。

二、电力市场交易理论

电力交易是指针对电力商品和服务进行的买卖活动，包括电能交易、辅助服务交易、输电权交易等。电能交易是指不包括辅助服务的有功容量或有功电量交易。

（一）电力交易类型

（1）按交易周期的不同分为现货交易和合同交易两大类型。现货交易包括目前交易、时前交易、实时交易等（在一些国家、现货交易特指日前交易）；合同交易包括期货交易、期权交易、远期合同交易、差价合同交易、发电权转让交易、输电权转让交易等。

（2）按交易目的和交易标的的不同可分为电能交易、辅助服务（调频、备用、无功、黑启动等）交易、发电权交易、输电权交易等。

（3）按交易标的的性质不同可以分为电力实物交易和电力金融交易两大类。

（二）常见的电力交易类型

1. 发电权交易

发电权交易又称发电权替代交易，是指对关停的小火电机组，保留若干年的发电量指标不变，由大容量机组代发其电量的交易。其背景是国家实施节能减排政策，关停污染大、煤耗高的小火电机组，同时给小型电厂预留一定空间，保证其稳定过渡的一种政策性措施。发电权交易是按照自愿平等、公正公开的原则，遵循国家相关部门出台的办法，双方直接协商或由电力交易机构组织替代方与被替代方进行交易的一种市场行为。

按照组织方式，发电权又可分为双边交易与集中竞价交易。双边交易是由替代双方对替代量、补偿价格进行协商，达成一致后签订替代合同。这种方式的缺点是没有电网企业的参与，事前无法确定是否满足电网安全因素，以及由此替代引起的网损补偿。如替代方距离负荷区较远，原先的负荷缺口必须通过靠其他地方电厂来弥补，这必将增加网损。为解决这一问题，同时保证电力工业的发展。国家允许发电企业关停一定容量小机组后，建大容量机组。集中竞价交易是指由电力交易机构组织，发布市场信息，然后组织替代双方进行磋商，双方就电量、电价达成一致后成交的交易方式。这种方式的优点是自由度大，被替代方与替代方都可以选择自己被谁替代或替代谁；双方可以就替代价格、替代量进行充分的协商；同时，被替代方可以由一个替代方替代，也可以由多个替代方替代。双方成交的过程，也是一个市场博弈、竞价的过程。

还有一种方式也属于这种集中竞价交易，但是需通过电力交易运营系统来实现全过程。具体流程是：由电力交易机构通过交易运营系统网站对外发布交易信息，包括被替代电厂的电量、申报起始时间、网损补偿、参加替代电厂准入条件及价格上下限等。各市场成员通过网站获取信息后，对替代量、价格进行申报。申报时间截止后，由交易机构进行撮合。按照容量、价格进行撮合，在相同报价下，大容量机组优先替代；价格不同时，先按照价格确定优先权。撮合规则可变性较大，跟国家政策、地方政策相关联，有时甚至一年就要变更一次。但对于实现节能减排，电网的经济运行是不变的主题。当交易撮合完成后，由电力交易机构发布预成交结果，同时将结果提交电力调度机构进行电网安全校核，最后发布最终成交结果。在交易开始前，为了公正公平地开展竞价，电力交易机构要先发布市场信息、成交规则等，便于市场成员参与报价。

在实际的交易中，大多数采用集中竞价交易。因为在这种方式下，替代方、被替代方、电网企业三方均参与，自由度大。

2. 外送电交易

外送电交易主要指区域级、电网级电力企业的外送电交易。这种交易在某个电网企业电力不足或由于其他原因需要其他电网送电时发生。由于减少网损的原因，这种交易一般在距离较近的相邻电网企业之间展开。近年来，随着我国西电东送、南北互供战略的实施，这种交易变得频繁起来。

按照组织方式，外送电交易分为网间年度合同交易和委托外送电交易两种类型。网间年度合同交易是指电网企业根据年度电量需求预测，经协商确定电量电价，签订年度网间购售电合同后。委托外送电交易主要是指通过委托代理方式。电力交易机构组织省内机组参与国家或区域市场的交易。目前的交易流程大致是先由电网企业根据负荷需求制订年度购售电计划，然后由外送电网企业组织网内电厂参与。可以通过竞价方式成交，也可以通过计划方式成交。所谓的计划方式，就是没有竞价的过程，价格保持不变。

在委托外送电交易流程中，电网企业按照一定算法申报情况进行分配是比较复杂的，因为要兼顾经济效益与节能减排，而这两者是矛盾的。虽然新装机的容量比较大，但上网电价要高，因为往往优先考虑节能减排。其中，一种典型的分配办法是：规定所有机组的基本利用小时数均一致，然后根据机组是否脱硫、空冷（火电）、容量大小为每个机组增加或减少一定的利用小时数，得出该机组的利用小时数，乘以容量得出这个机组的外送量，再将所有机组的量相加，与总外送量相等即可。其实，以上方法是求解一个方程组，未知数就是机组的基本利用小时。得出每个厂计算出的外送量后，再与每个厂的申报量进行比较。

3. 大用户直购电交易

大用户直购电交易可采取大用户、发电企业双边竞价和场外协商交易两种方式进行组织。大用户、发电企业双边竞价方式通过电力市场交易运营系统，按年度及月度发布大用户直购电用电量信息以及指导价格空间。大用户分段报送用电量及对应的价格。发电企业分段报送在不同的价格水平下的电量。电力交易机构根据双方报价进行集中撮合，如果三方价格均在指导价格空间内，则成交。由于竞价受到各方面的制约，按照电力市场的稳健原则，目前没有开展竞价交易。

4. 短期交易

短期交易是指在电力市场交易平台上，结合负荷预测及省内、外电力需求变化进行短期交易，其规模依照市场规则及电力需求确定。山西省电力公司按照市场规则报送未来数日电量需求，并发布数据申报开始时间、截止时间和交易出清时间；发电企业按照年度合同安排后的情况报送竞价电量和价格；电力交易机构按市场规则将购、售电量按报价统一排序，考虑网络约束等安全因素后，确定未来数日中标电量及价格，并向市场主体公布。

以上介绍的几种交易类型中，发电权交易和外送电交易在目前电力市场环境下开展较多。其相同点就是基本都没有开展竞价，可以说是在传统电力市场模式向真正意义上的电力交易模式转变过程中的电力市场交易。短期竞价交易，由于其交易规则和价格形成机制目前都没有明确的政策依据，在大部分地区没有开展。

此外，电力交易按电力市场的交易方式还可分为现货交易、中长期合约交易和期货交易。

现货交易一般指目前市场的交易。由于许多因素（如电力负荷等）的影响现货交易中的电价［称为现货价格（Spotprice）］往往呈现出不确定性。根据一些数据的统计分析、计算发现这种不确定性呈现出某种随机特征，它是一个服从某种概率分布的随机变量，因此现货交易具有一定的风险。

中长期合约和期货交易具有回避风险、稳定市场的作用。电力期货交易是指电力期望合约的买卖，它们按预先特定的价格，确定在将来某个时期以确定的价格在期货交易所交易一定电能的合同。

中长期合约交易是电力市场的一种重要交易方式，要求发电商（指发电厂或发电公司）和售电商（代表电网调度机构和用户的利益）双方按预先签订的合约商定付款方式、买卖电量在一定时期内进行实物交割的交易（为简单起见输电费用及其他费用按一定比例分摊到相关电价中），它包括合约电量、合约电价、交易双方的权利和义务、拒绝供电或拒绝接受供电时的惩罚或补偿量、供电时间等主要参数。当现货价格高于合约交割电价时，售电商可以接受发电商的供电，否则售电商可能拒绝合约交易而选择现货交易。

三、电力市场电价体系

（一）电价制定基本理论

价格是经济学的核心，微观经济理论也称为价格理论。与不同的电价职能相对应，有四种经济学理论作为电价政策制定的依据，电价理论也呈现出组合形态。制定电价的四种经济学理论为：社会成本定价理论、均衡价格理论、管制经济理论和福利经济学四种经济理论，每种理论既有联系，相互之间也有一定程度的矛盾性。

四种理论从不同的角度认识和揭示电价制定规律和要求，且分别与四种电价职能相对应，解决电价制定过程中的不同问题。不同电价理论准确地反映了不同的电价职能，共同形成了管制电价的经济学理论体系。不同电价理论的主要特征与适用情况见表 2-1。

表 2-1　　　　　　　　　　　不同电价理论的主要特征与适用情况

经济学理论	主要观点	对应职能	适用情况
社会成本定价理论	按照社会平均成本定价	价值反映	电力工业相对成熟和稳定，基础数据充分，作为定价依据
均衡价格理论	按资源最优配置原则定价	资源配置	现实或者潜在供求不平衡严重，需要在价格上对将来做出反应，作为定价依据
管制经济理论	定价使企业获得零经济利润	经济核算	企业利润不合理，包括运用市场势力等，作为定价和调价依据
福利经济理论	按照社会福利最大化目标分析电价的效率及其提高的途径	宏观调节	对电价偏离成本、交叉补贴等问题进行纠正的依据，评价价格的效率，作为电价调整的依据

（1）基于社会成本定价理论的定价方法主要采用基于会计信息的平均成本定价。平均成本定价方法适合于不同市场结构下商品定价，在包括电能等垄断经营商品的定价中应用也较为普遍，有些定价方法包括后文分析的成本管制定价方法，也是平均成本定价方法派生出来的。

（2）均衡价格理论下的边际成本定价方法是在完全竞争条件下，企业把价格确定在生产商品的边际成本上，不仅可以获得最大的利润，而且能够实现社会福利最大化。对于具有规模经济效益的企业，由于边际成本小于平均成本，企业如果按照边际成本定价，必然会造成亏损而非利润最大化。

（3）管制经济理论在我国的应用主要是标杆电价政策（类似于西方国家的标尺竞争定价方法）。标尺竞争又称区域间比较竞争，是指将被管制企业的绩效与相关企业的绩效结合起来比较，以促使原本各自独立垄断经营的企业之间进行竞争的一种管制方式。

如果企业之间内外部环境相似，且没有合谋行为，通过成本比较可以发现垄断企业的真实成本信息，减少信息的不对称。

（4）福利经济理论下的定价方法在实践方面主要为两部制定价方法和价格歧视定价方法。下面介绍两部制定价方法。如图 2-18 所示，根据平均成本实行单一电量电价，由于需求曲线与平均成本曲线的交点为 E，平均成本价格为 P_2，相应的均衡产量为 OI。生产 OI 的总成本为 OP_2EI 的面积，其中 P_1P_2EG 的面积为固定成本，OP_1GI 的面积为变动成本，消费者剩余为 AP_2E 的面积。如果采用两部制定价，电量电费按边际成本征收，价格为 P_1，产量为 OJ，对应于 OJ 的消费者剩余为 AP_1H 的面积减去固定成本 P_1BFH 的面积。两部制定价下的消费者剩余等于 AP_1H 与 P_1P_2EG 的差值。进一步分析，等于平均成本定价下的消费者剩余 AP_2E 的面积加上 EGH 的面积。因此，与平均成本定价相比，两部制定价在企业利润或福利不变的情况下，使消费者剩余增加了 EGH 的面积，社会福利得到了改进。

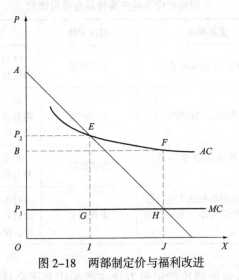

图 2-18　两部制定价与福利改进

电价理论的组合并没有简单的统一规则，需要根据电价政策制定的实际情景确定。例如，市场定价的基本依据是均衡价格理论，可以根据管制经济理论及福利经济理论进行电价合理性的监管。政府制定电价可根据社会成本定价、均衡价格定价、政策性的调整电价或者监管电价，以管制经济理论和社会福利理论为依据。居民电价在我国要求更多考虑福利（仅居民福利因素），以福利经济理论为依据；工商业电价以强调效率的社会成本定价理论或均衡价格理论为主。因此，电价的理论组合是一个动态的情景组合。

（二）我国电价体系

我国当前正处在新一轮电改的起步阶段，以市场交易电价和输配电价为基础的新电价体系正在推行，但以上网电价和销售电价为基础的原有电价体系依然执行。两套电价体系双轨运行，形成了我国现行的极具特色的电价体系。

1. 第二轮电改前的电价体系

在 2015 年电改"中发 9 号文"发布以前，电网企业对于发电企业来说是电能的唯一买方，对于电力用户来说则是电能的唯一卖方。电网企业从发电企业买电的价格，以及电网企业向电力用户供电的价格都是政府制定的，电改前电价体系如图 2-19 所示。

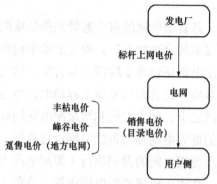

图 2-19　电改前电价体系示意图

在发电侧，各发电企业均按照"标杆上网电价"（或称"标杆电价"）售电给电网。标杆上网电价是依据同类型机组的平均成本制定。标杆上网电价为发电设施投资提供了明确的经济信号，同时也促进了发电企业之间的效率竞争。

在供电侧，政府分电压等级、分用户类别制定了"销售电价"（也称"目录电价"），部分地区的销售电价还考虑分季节的丰枯电价和分时段的峰谷电价。销售电价内含了购电成本、输配电成本、输配电损耗、政府性基金及附加等。销售电价的定价原则是以公平负担为基础，同时兼顾公共政策目标，因此销售电价中包含了交叉补贴（工商业用电补贴农业和居民用电）。

部分地区存在地方电网或趸售区域。电网企业向这些地方电网或趸售区域供电的价格采用的是"趸售电价"。趸售电价为政府核定，也包含购电成本、输配电成本、输配电损耗、政府性基金及附加等，但价格水平更低。

2. 第二轮电改后新建立的电价体系

我国第二轮电力体制改革的架构是"管住中间，放开两头"。在电价形成机制方面，是将原来销售电价中的电能价格放开由市场决定，而其中的输配电价则由政府核定并严格监管。

在电能价格部分，各个售电主体即电力厂商和购电主体即各地公用供电企业和享有直购电权"大用户"在市场上相互竞争性售电、购电，由市场决定批发电价。各个地区的电力供应则构成了各地的零售市场，在这个市场上，由各个售电企业直接面向所在区域的电力用户提供售电服务，不同售电企业可针对不同的电力用户提供不同的服务套餐。当前市场交易价格包括批发电价与零售电价。

批发电价是指在电力批发市场中发电商与售电商、大用户进行电力交易形成的价格。我国批发市场处于发展阶段，批发电价是指地方电力经营企业、售电企业从发电商处批发电力，再销售给营业区范围内的用电客户，按双边协商、集中竞价等方式进行结算的一种电价。零售电价是指售电企业向批发市场购买，再向地区终端用户出售电力所制定的价格。我国电力零售市场处于试点阶段，不同售电企业与电力客户签订的协议不同，所达成的零售电价也不同。

对于输配电价格部分，各省级电网的首个监管周期的输配电价也已经全面完成了核定，核定的原则是"准许成本加合理收益"。输配电价中包含了原来销售电价中的交叉补贴，绝大部分省区的输配电价还包含了线损。在省级电网之上，区域电网（相邻的几个省区间的骨干电网）输电价、跨省跨区专项工程输电价也完成了核定或调整。输电价也包含了线损。在省级电网之下，地方电网和增量配电网同样需要单独核定的配电价。目前各省区还在制定当地的地方电网和增量配电网价格政策。在核定之前，配电价格暂按省级电网输配电价在电压等级之间的差额执行（即配电网内的用户所承担的输配电价和配电网外的用户相同）。在省级电网或配电网内部，分布式发电市场化交易的"过网费"价格适用于分布式发电在电网局部消纳的情况。"过网费"价格不分摊该分布式发电交易没有涉及的电网资产的相关成本，也不参与分摊所在配电网接入省级电网的输配电费。"过网费"价格也需要政府核定。

3. 新旧电价体系的双轨运行

当前我国的电价体系是双轨制运行，政府价格管理部门在核定（并公布）电价时不仅要核定（并公布）输配电价，也要同步核定（并公布）销售电价（以及部分地区的趸售电价）。图 2-20 所示为我国现行的双轨制电价体系及逻辑关系。

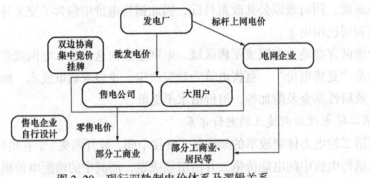

图 2-20 现行双轨制电价体系及逻辑关系

在发电端，目前大部分发电量仍然是"计划电量"，是调度机构根据优先发电优先购电计划以及电网实际运行需要安排的。计划电量由电网企业收购，价格是标杆上网电价；另外一部分发电量是"市场电量"，电量销售给大用户或者售电企业，价格是市场交易电价。

在用电端，部分用电（农业用电、居民用电、重要公用事业用电、公益性服务用电等）尚未放开，其用电需要优先保证，其用电价格是销售电价（目录电价）；部分大工业用电和一般工商业可通过市场化交易获得电量，其用电价格为通过批发市场形成的批发电价；部分用电（目前还是大部分用电量）不属于优先购电范围，也不能参与电力市场交易，其用电量仍然由电网企业统销，其用电价格也是销售电价。

双轨运行的新旧两套电价体系在大部分情况下是相对独立的，但在某些领域也会相互影响。例如，按照新电价体系形成的终端电价与原有电价体系中的销售电价不相等。这种情况可能影响电力用户参与电力市场交易的积极性，甚至可能导致已核定的输配电价得不到执行、市场交易在销售电价基础上扣减价差的现象。

四、电力市场成本理论

交易成本可分为事前的交易成本和事后的交易成本。事前交易成本是指由于未来存在不确定性，需要事先规定交易双方的权利、义务和责任，这种成本的大小与某种产权结构的初始清晰度有关；事后交易成本是指交易已经发生后的成本，存在多种形式：①交易一方想退出某种契约关系所必需付出的成本；②如果市场关系是一种双头垄断关系，交易者发现了事先确定的价格有问题而需要改变原价格必须支付的费用；③交易双方为解决它们之间的冲突所付出的费用；④为确保交易关系和双方信用所必须付出的成本。

电力市场交易成本是决定电力市场运行是否有效率的关键性因素。对于电力现货商品、电力衍生产品等不同的交易，有不同的交易成本项目。如图 2-21 所示，电力市场的交易成本可分为九个部分。

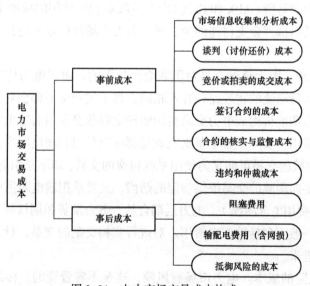

图 2-21　电力市场交易成本构成

（1）市场信息收集和分析成本。信息具有客观和主观二重性。客观性体现在信息揭示客观事物的方面；主观性表现在人们对信息的理解和判断因人而异。信息在传递过程中会有失真，市场参与者实际接收到的是信号，信号 = 信息 + 噪声，信号的准确性要比信息差一些。因此，市场参与者为了能获得预期收益，需要花费一定的成本和精力进行信息收集和分析。

（2）谈判（讨价还价）成本。市场参与者在谈判前需了解电力现货以及电力衍生产品的相关情况，对它们的价值有个估算和预期，以及明确交易双方的权利、义务和责任的费用。协商的前提是买者的意愿支付价格（P_1）高于卖者的意愿获得价格（P_2）。在买卖双方都是平等的经济主体的条件下，协商的成本为 P_2-P_1 的函数。而 P_1、P_2 又分别取决于买方和卖方的边际收益 R_1、R_2。

（3）竞价或拍卖的成交成本。现代电力市场大部分交易产品在电力交易中心或交易所通过竞价或拍卖的方式进行交易，也有通过做市商或经纪人进行交易，市场参与者往往需要承担入场费、差价或佣金等费用，这些费用构成了成交成本。入场费一般是以年费的形式出现，是交易成本的固定项。而差价和佣金是交易成本的可变项。

（4）签订合约的成本。现代电力市场的交易成果由签订合法的合约决定，否则不能认定为交易成果。经过确认有效的合约，交易双方需要支付一定的保证金或定金，以促使双方履约。这部分保证金或定金的机会成本就是签订合约的成本。

（5）合约的核实与监督成本。进行实物交割的电力合约需要进行交割电量核实和监督，确定是否违约。在核实和监督过程中发生的成本构成了合约核实与监督成本。

（6）违约和仲裁成本。电力及其衍生品交易出现违约且双方无争议时，一般按合约规定缴纳违约金；双方存在分歧时，可以通过电力交易机构或专门的仲裁组织解决。欧洲国家有的电力交易所（APX 和 EEX）向会员收取相应比例的抵押金，一旦发生违约，将首先动用该会员的抵押金支付违约金。现代电力市场运行效率越高，违约和仲裁成本越低。

（7）阻塞费用。电力金融交易对阻塞会产生影响。由于电力传输的特性，合约规定的路径和电力实际潮流的物理路径并不相同，每个实物交易都会对整个系统的潮流产生影响。如果电力调度机构或电力交易机构能确定哪些交易引起输电阻塞，由这些交易方共同承担阻塞费用。实际上难于鉴别究竟是哪些交易引起输电阻塞，负荷削减也就失去了公正性，被削减的交易可能是为使用系统付费的交易，而不是引起输电阻塞的交易。这样电网企业既要向削减的交易提供一定的赔偿，又要承担输电阻塞引起的费用。

（8）输配电费用（含网损）。电力远期合约、电力期货和期权等合约约定的价格，没有特别注明，一般不包括输配电费用。对进行实物交割的交易，计及交易成本时应将输配电费用考虑进来。

（9）抵御风险的成本。电力市场有风险，这是不容置疑的。传统电力市场由于缺乏风险管理工具和手段，饱受业内人士诟病。而现代电力市场也并不是没有风险，仅仅是为市场参与者提供了配置和管理风险的市场手段。市场参与者需要向电力交易机构或相关组织交纳一定数量的风险基金，以抵御市场风险。一旦产生风险，市场交易者将付出一定的风险代价，这就是抵御风险的成本。

上述成本共同构成了电力市场的交易成本，但并非每笔电力交易都包含上述各项成本，不同的交易涉及不同的交易成本项目，对整体市场的效率研究应考虑总的交易成本。

第三章 国外典型电力市场情况

第一节 美国PJM电力市场情况

1927年美国宾夕法尼亚州、马里兰州、新泽西州的互联电网实施联合调度，签署了第一份电力联营协议，成立了联合调度机构PJM（Pennsylvania-New Jersey-Maryland）。PJM作为一个独立系统运营商（Independent System Operator，ISO），最主要的三大功能是电网运行与管理、市场运行与管理以及区域电网规划。美国PJM主要由电能市场、辅助服务市场、金融输电权市场、容量市场等构成。

一、市场分类

按照时间分类，当前PJM运行的市场有：

（1）日前市场：电能市场、计划备用市场，这两个市场联合优化，同时出清；

（2）小时前市场：调频市场、同步备用市场；

（3）实时市场：电能市场；

（4）中长期：容量市场（基于可靠性定价）、金融输电权拍卖市场（年度、月度开展）。

PJM电力市场交易流程如图3-1所示。

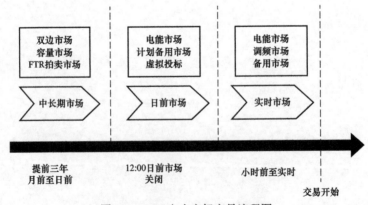

图3-1 PJM电力市场交易流程图

PJM规定同一电源既可以参与日前计划备用市场和同步备用市场，也可以参与日前计划备用市场和调频市场。但是，同一电源不能同时参与同步备用市场和调频市场，即

36

不允许调频替代备用，也不能同时参与日前计划备用市场、同步备用市场和调频市场。每一级市场均含有一个常规的市场力检测程序（三巨头检测模式），将电能市场和调频市场上的投标分为基于成本的投标和基于报价的投标两类，在检测到市场成员动用市场力时，依据基于成本的投标进行定价，能够真实地反映出机组提供电能或调频时的成本，有利于市场价格的稳定。

二、日前联合优化电能和计划备用

PJM 在运行日前组织了电能市场和计划备用市场。日前电能市场在运行日前中午12:00 停止投标，进入市场出清阶段，运行日前第一次机组组合程序，确定每小时的机组组合、日前节点边际电价以及满足计划备用的需求。在日前 16:00，PJM 公布日前市场第一次出清结果。16:00～18:00，PJM 开始运行实时平衡市场投标阶段，此阶段市场成员可以提交在第一次机组组合未中标的修改投标。运行日前一天 18:00，实时市场投标阶段结束，PJM 运行第二次机组组合，其首要目标为满足系统可靠性，同时保证额外调用资源的启动和空载成本之和最小。日前 18:00 至运行日期间，PJM 还可以基于更新的负荷预测和资源可用信息按需调用额外的发电资源。图 3-2 描述了 PJM 日前电能市场交易流程。

图 3-2　PJM 日前电能市场交易流程示意图

日前计划备用市场是为了获得 30min 的备用资源而建立的基于投标报价的市场。日前计划备用资源包括所有可以按照 PJM 调度指令在 30min 内达到指定出力的发电和负荷侧资源，可以是在线的或离线的。参与日前计划备用市场时，要求资源必须投标日前电能市场，以及所有提交日前电量投标并满足计划备用合格条件的机组均认为可以提供计划备用。计划备用的投标在日前 12:00 结束并封存价格，所有可用但未投标的机组均认为是零报价。

PJM 采用带安全约束机组组合（SCUC）程序在日前联合优化电能和备用，确定出次日每小时的日前节点边际电价（LMP）和计划备用的出清价格。日前计划备用的出清价格为全网边际价格，等于在满足计划备用需求的情况下，最高的资源报价与机会成本之和即为排序价格。

三、近实时分阶段联合优化电能和辅助服务

PJM 在小时前组织了调频市场和同步备用市场，分三个步骤与实时电能进行联合优化，包括辅助服务优化程序（ASO）、滚动（SCED）、实时（SCED），以及边际价格计算程序（LPC）。这一流程最大的特点是前三个步骤只定容量、不定价格，所有的价格都是基于电网实际运行的情况在事后进行计算的。

辅助服务优化程序 ASO 在运行前 1 ~ 2h，通常为提前 1h，联合优化电能、备用和调频，同时进行调频市场力检测。ASO 依据预测的 LMP 计算出同步备用、非同步备用和调频的容量分配以满足预测需求，ASO 不计算市场出清价格。边际价格计算程序 LPC 每 5min 执行一次，用来确定实时 LMP 和辅助服务的出清价格。LPC 是一个增量线性优化模型，目标函数是总的电能和备用成本最小，同时满足功率平衡约束、同步备用和初级备用需求、特定机组和负荷资源的运行限制，联络线交换功率的限制，以及当前系统中任何的传输限制和网损分布。LPC 计算的价格包括：节点边际电价、同步备用市场出清价格、非同步备用市场出清价格、调频市场出清价格、调频市场性能指标部分出清价格（用来推导调频容量出清价格），以及调频边际收益因子。

四、电能市场

当前，PJM 电能市场是在美国联邦能源监管委员会（FERC）的标准市场设计模式下建立的，其最主要的特点是节点边际电价体系、两部制结算、金融输电权和虚拟投标。PJM 运行的电能市场包含有日前电能市场和实时电能市场两部分。日前市场是一个远期金融市场，基于电能和需求侧的投标、虚拟投标和双边交易的结果，每小时计算一次出清价格并进行结算。实时电能市场基于物理系统的实际状态，每 5min 计算一次价格，每小时出清一次，出清价格为该小时内计算价格的平均值。

日前电能市场与实时电能市场的定价均采用节点边际电价体系。其中 LMP 由 SCUC 程序计算得出，实时 LMP 由 LPC 事后计算得出。PJM 定义的节点边际电价由三部分组成，包括系统边际电价、传输阻塞成本和边际损耗成本。其中，系统边际电价是指忽略网络阻塞和损耗时的电价，它在每个节点的价格都是相同的。传输阻塞成本代表了因线路传输约束所引起的价格上升，依据网络阻塞程度的不同，传输阻塞成本依地点而异。边际损耗成本代表了线路传输损耗所引起的成本增加，由系统边际电价乘以惩罚因子计算得出。

PJM 将日前电能市场与实时电能市场分别进行结算，称为两部制结算机制。日前市场的结算是基于每小时的计划安排量和日前每小时的出清价格进行，实时市场的结算是基于与日前市场上的实际偏差量与每小时的实时价格进行。采用日前、实时分步出清的两部制结算体系，有利于实现不同级别市场化上价格信号的趋同，规避套利空间，降低市场风险。

五、容量市场

（1）资源充裕度评估。作为一个区域输电组织，PJM 关注资源充裕度的目的是确定能够提供预测负荷并满足 PJM 可靠性标准所需的容量资源量。PJM 每年都会对未来 11 年的资源充裕度进行评估。评估考虑了负荷预测的不确定性、发电容量资源的强迫停运以及计划停运和检修停运等因素。PJM 利用资源的装机容量进行研究。资源的可靠性取决于两个变量：资源的装机容量，以及对因强迫停运或强迫降额而导致资源不可用的概率的度量。

（2）可靠性定价模型。PJM 容量市场建立了可靠性定价模型，其特点在于：容量拍卖提前三年开展；容量需求曲线为倾斜曲线；分区定价，考虑区域输电约束；容量资源类型丰富，允许规划中资源参与竞争，目前可靠性定价模型仍为 PJM 的发电容量充裕度提供着有力的保障。

在可靠性定价模型下，PJM 组织多轮容量拍卖采购所需的容量，包括基础拍卖、增量拍卖（最多三次）等，双边市场为发电投资者提供了弥补容量承诺短缺的机会，保证了容量的交付，也为负荷供应实体提供了对冲区域可靠性费用的机会。多轮容量拍卖保证了 PJM 能够在交付年前购买到充足的容量满足交付年系统容量充裕度需求。在可靠性定价模型中，若根据拍卖市场的出清函数来采购供电，就能满足对装机容量储备的需求。

（3）其他交易工具。1998 年 PJM 的金融输电权（financial transmission right，FTR）市场正式投运，其长期呈现了较稳定的运行态势。金融输电权，也称为阻塞收益权，是用来对冲阻塞成本的金融工具或金融投资，当电网发生阻塞时获取利润或支付费用，但没有实际输送电能的权利。PJM 是按照节点边际电价中的阻塞成本部分来对金融输电权进行结算。从 PJM 关于开展 FTR 市场的手册中，可以总结 FTR 三大基本功能：①帮助市场参与者对冲因现货头寸与中长期合约结算点不一致而承受的阻塞风险；②为阻塞盈余的分配提供公平、透明且具效率的机制；③揭示市场对电网未来阻塞状况的预期和形成基于位置的中长期价格信号，从而最终引导电网规划和电源投资。

虚拟投标是为减小日前市场电价和实时市场电价之间的差距，以及增加市场流动性而引入的。虚拟投标作为一种金融工具，可以没有实际物理的电厂或负荷，只允许参与进日前电能市场当中，其结算是基于日前电能和实时电能之间的差额进行的。

第二节　英国电力市场情况

20 世纪 80 年代，英国经济增长放缓、电力需求不振，为改变国有电力工业价格高、效率低和过度投资等问题，英国政府推动了电力行业的私有化和市场化改革。在欧洲，英国是较早开始进行电力市场改革的国家之一。但是，由于历史发展、地理位置和现实政治等原因，英国电力市场在产品设计、市场体系和机制体制等方面与欧洲其他国家有较大差异。尤其是脱欧以后，英国被排除在欧洲统一电力市场之外，不再参与日前市场统一耦合，所有英国和欧洲其他地区进行的交易需要对联络线进行显式拍卖才能进行。

英国市场的改革过程是自发并且独立于其他国家的，因此形成了相对独特的市场机制。自改革以来，英国市场模式经历了两次重要的改变。第一次改变是，2001年从全电量竞价的强制性竞争市场电力库（POOL）模式向双边交易模式为主的新电力交易（NETA）机制转变。第二次改变是，2005年从NETA转变为统一的英国电力交易与电力输送制度（BETTA），目前已经形成了覆盖英格兰、威尔士和苏格兰的大英国市场；由英国电网公司统一负责系统调度交易和平衡市场运营，由包括阿姆斯特丹电力交易所（APX）在内的多家电力交易所负责除双边交易外的其他电力交易。英国电力市场发展经历了基于电力库的电力市场建设、以双边交易为主的新电力交易模式、英国电力交易与输电运营模式、以低碳转型为目标的电力市场改革等几个重要阶段。图3-3描述了英国电力市场发展历程。

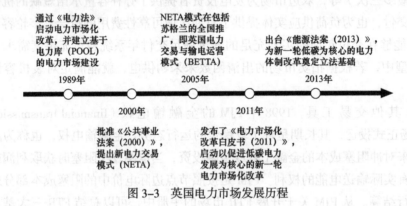

图3-3 英国电力市场发展历程

一、基于电力库（POOL）的电力市场建设

1989年，英国议会通过了《电力法（1989）》，启动电力市场化改革。在英格兰和威尔士，原中央发电局拆分为国家电力公司（National Power）、发电公司（Power Generation）和核电公司（Nuclear Electric）3个发电公司，以及英国国家电网公司（National Grid Company）这个输电公司，然后逐步私有化和上市。原有的12个供电局改组为地区配电公司，并于1990年完成私有化改造。在苏格兰，南苏格兰发电局和北苏格兰水电局在民营化后股份全部售出，成立了苏格兰电力公司和苏格兰水电公司，统一经营发、输、配、售电业务，各部门独立核算。北爱尔兰电气服务部在1992年私有化过程中将所属4个发电厂售出，同时成立了北爱尔兰电网公司，经营输电、配电和零售业务，并于1993年转变为股份制公司。

与电力行业重组相伴的是，英国建立了基于电力库（POOL）的电力市场，组织开展电力现货交易。在 POOL 模式下，电力输出超过 50MW 的电厂必须持有发电许可证，通过电力库进行公开交易（直供除外）。供电企业、批发商、零售商及用户（除直供用户之外）也必须通过电力库来购买电力。在 POOL 模式下，建立了一个电力市场交易机构，名为电力联合运营中心（Power Pool 或 Pool），由国家电网公司负责运行。

二、以双边交易为主的新电力交易模式（NETA）

基于电力库的电力市场促进了发电侧竞争，实现了市场化竞价，但由于强制电力库存在定价机制不合理、市场操纵力过大等问题，英国议会于 2000 年 7 月 28 日批准了《公用事业法案（2000）》，提出了新电力交易模式（new electricity trading arrangement，NETA），对电力市场的框架和行业结构进行了调整，设立了新的管理机构——燃气与电力办公室（Office of Gas and Electricity Markets，OFGEM），以及新的用户组织——能源观察集团（Energywatch）。

新电力交易模式首先在英格兰和威尔士地区投入应用，以双边合同为主的新电力交易机制完全取代了集中交易的 POOL 模式，引入了新的经营执照标准，重新规定了所有市场参与者的责任、权力和义务。新电力交易模式在英格兰和威尔士地区取得了预期效果，具备了向其他地区推广的条件。

三、英国电力交易与输电运营模式（BETTA）

1990 年以来的改革，主要是在英格兰和威尔士地区，苏格兰和北爱尔兰地区没有建立竞争性的电力市场。从 2005 年 4 月开始，英国政府决定将 NETA 模式推广到苏格兰地区乃至全国，这就是英国电力交易与输电运营模式（British electricity trading and transmission arrangements，BETTA）。

BETTA 的主要特点是，在全国范围内建立统一的竞争性电力市场，建立统一的电力交易系统、实时平衡系统和不平衡结算系统，从而实现全国电力市场的统一运行。BETTA 实现了全国电力系统的统一运营，由国家电网公司负责全国电力系统的平衡，保障供电质量和系统安全；苏格兰原有两个电力公司保持输电资产所有权。

四、以低碳转型为目标的电力市场改革

随着北海油气资源的逐渐消耗，英国能源对外依存度不断上升，保持能源供应安全的压力开始显现。此外，由于碳排放目标的压力，大量的燃煤和燃油机组关闭，取而代之的是可再生能源机组和其他运行灵活的低碳机组，这就需要通过充足的电网备用、先进的需求侧管理机制、储能以及电网基础设施的升级改造支撑其发展。

为应对上述挑战，英国能源部于 2011 年 7 月发布了《电力市场化改革白皮书（2011）》，开始酝酿以促进低碳电力发展为核心的新一轮电力市场化改革，主要内容包括针对低碳电源引入固定电价和差价合同相结合的机制、对新建机组建立碳排放性能标准、构建容

量机制等。2013 年 12 月，英国政府正式出台《能源法案（2013）》，为新一轮低碳为核心的电力体制改革奠定立法基础。

第三节　北欧电力市场情况

一、组织机制和市场成员

北欧电力市场组织者包括北欧电力交易公司（简称电交所）、挪威电网公司、瑞典电网公司、芬兰电网公司、丹麦电网公司。

北欧电力市场的市场成员包括市场交易机构、输电系统运营机构（TSO）和市场主体。

目前，北欧电力市场输电系统运营机构 5 家，分别为挪威电网 TSO、瑞典电网 TSO、芬兰电网 TSO 以及丹麦的 Eltra 电网 TSO 和 Elkraft 电网 TSO。输电系统运营机构均嵌入电网公司，即调度没从电网公司中分离出去。

北欧电力市场主体主要包括发电商、电网拥有者、零售商、交易商和用户。

二、北欧电力市场模式

北欧电力市场主要包括金融市场、现货市场、实时平衡市场和辅助服务市场。

（1）金融市场主要为市场成员提供价格对冲和风险管理手段，交易品种主要有远期合约、期货合约、期权合约、差价合约、备用期权和排放权等。金融交易以现货市场价格为参考，大多交易不需要物理交割，北欧金融场的服务范围在 2016 年已经扩展到德国、荷兰和英国。

（2）现货市场主要包括日前电能市场和日内电能市场，由于交易结果通常需要物理交割，也称为物理市场。

（3）实时平衡市场由各国家内部的输电系统运营机构负责运营，日内市场关闸后，市场成员可以继续提交实时平衡市场的上调和下调报价，在实时平衡市场关闸后，各国输电系统运营机构按照价格优先的原则，出清实时平衡市场的中标电量和中标电价，出清结果用于实际电网调度运行。

（4）辅助服务市场主要包括调频市场和备用市场。随着欧洲统一电力市场建设的推进，实时平衡市场的耦合也在推进，辅助服务的品种名称也在逐步进行统一。辅助服务市场由各国的输电系统运营机构负责运营，按照价格优先的原则出清中标辅助服务容量和价格，并在实时运行中调用。

北欧电力市场模式如图 3-4 所示。北欧电力市场的清算结算根据市场类型不同分开进行，其中北欧现货交易所负责电力现货市场的清算和结算，纳斯达克–OMX（NASDAQ OMX）集团负责金融市场的清算和结算，各国 TSO 则负责各国实时平衡市场和辅助服务市场的出清和结算工作。

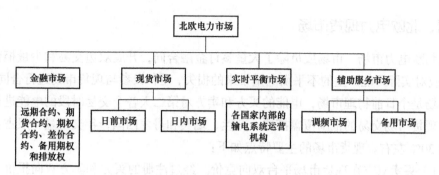

图 3-4 北欧电力市场模式

三、北欧电力金融市场

北欧电力金融市场交易品种十分丰富，包括期货合同、差价合同和期权合同。金融市场交易的范围覆盖挪威、芬兰、瑞典和丹麦四国，交易行为十分活跃，每年金融合同的交易量可以达到实际售电量的 10 倍。

（1）期货合同。期货合同是指签约双方之间达成的并要求在未来某个约定的日期以签约时约定的价格交换某一数量的某种物品的合同。它允许用户通过锁定某项金融工具价格的做法对价格风险套期保值。它是基于减少或转移价格风险而产生和发展起来的，在一定程度上，规避了现货市场上电价波动的风险。北欧电力金融市场挂牌交易的期货合同分为短期期货合同和远期期货合同。

短期期货合同分日期货合同和周期货合同。远期期货合同分月度期货合同、季度期货合同和年度期货合同。

（2）差价合同。尽管北欧电网比较坚强，但由于报价行为的投机性、负荷波动的随机性和机组非计划停运的不确定性，分区之间堵塞随时都会发生。为规避分区电价风险，北欧电力市场引入了差价合同。

北欧电力市场差价合同是一种以现货市场的分区电价与无约束系统电价的差价作为参考电价的期货合同。差价合同的成交价格反映了人们对差价的预期，差价合同的成交价格可能正，也可能负，还可能是零。当某个区域的分区价格高于无约束系统电价时，差价合同的成交价格为正；反之，成交价格为负；亏损如果相等，则为零。

（3）期权合同。期权合同如同期货合同，是市场成员规避市场价格风险的金融工具之一。期权是一种选择权，期权的买方向卖方支付一定数额的权利金后，就获得这种权利，即拥有在一定时间内以一定的价格（执行价格）出售或购买一定数量的标的物（期货合约）的权利。期权的买方行使权利时，卖方必须按期权合约规定的内容履行义务。相反，买方可以放弃行使权利，此时买方只是损失权利金，而卖方则赚取权利金。总之，期权的买方拥有执行期权的权利，无执行的义务而期权的卖方只是履行期权的义务。

四、北欧电力现货市场

在北欧电力市场，市场成员除了大量签订金融合同，开展双边交易和少量柜台交易外，为应对实际可能产生的不平衡电量带来的损失，还积极参与现货市场进行合同调整。现货市场是个日前物理市场，电能的买方和卖方对第二天各个交易时段的电能进行竞价交易。现货市场交易的范围覆盖挪威、芬兰、瑞典和丹麦四国，年交易量一般占实际售电量的 30% 左右。现货市场的主要特点如下：

（1）买卖双方在现货市场平台双向竞价。经过注册的买方和卖方双向报价，形成累计的卖方报价曲线和买方购电报价曲线，现货市场从买方报价曲线的最高价格与卖方报价曲线的最低价格开始，将买方报价高于卖方报价的电量成交，直至不能再成交为止。市场清算价格执行边际电价，为成交的最高买卖双方的平均报价。

（2）利用分区定价方法解决北欧各国联络线的阻塞问题。当没有发生联络线堵塞时，全区域只有一个系统价格；当无约束交易结果显示报价区之间的联络线潮流超过输电系统运营机构发布的输送限额时，利用反交易消除堵塞，即提高电价增加受电地区的发电出力，同时，降低电价减少送电地区的送出电力，从而改变联络线的潮流，分成若干个价区（最多 7 个价区）。

五、北欧电力实时平衡市场

北欧电力实时平衡市场实行基于连续竞价的拍卖模式。市场全天候开放，全天 24h 连续竞价，有购、售电需求的市场成员可以通过基于 Web 方式的电子系统或电话备用系统，对符合自己意愿的购售出价申报反向的售购电报价。确保现货市场闭市后价区间联络线不超限。当 2 个价区间联络线满送时，2 个价区将被分开，有关价区内的市场成员将无法观察到来自对方价区的出价，即不能与对方价区进行交易；当 2 个价区间联络线仍有富余时，两个价区等同于一个价区，有关价区内的市场成员可以进行自由交易，直到满送。

六、北欧辅助服务市场模式

北欧辅助服务的分类：

（1）一级备用（基本控制）：包括频率控制的正常运行备用、频率控制的干扰备用、电压控制的干扰备用等。瑞典和挪威主要由水电提供一级备用；丹麦东部由火电提供一级备用，丹麦西部由风电参与提供；而芬兰则利用水电和火电联合及直流联络线共同参与提供一级备用。

（2）二级备用：自动发电控制（AGC）作为二级调节不适用于北欧电网（Nordel），仅适用于丹麦西部电网。

（3）平衡服务（三级备用）：包括快速有功扰动备用、快速有功预测备用、慢有功扰动备用、峰值负荷备用。

（4）无功备用：无功备用要求容量充分大，选用就地补偿方式，并且在各个子系统之间不能交换。

（5）其他辅助服务：包括减负荷、负荷跟踪、系统保护、黑启动、辅助服务的平衡结算及金融服务等。

从市场主体来看，符合条件的发电商以及各国的TSO都可参与一级备用和平衡服务，但是用户作为需求侧并未参与。整个北欧地区的辅助服务提供商对于强制服务，比如频率控制、电压控制、紧急控制活动都未得到合理的补偿，一直处于争论中。不同的辅助服务应该根据提供服务的能力、可用率以及提供服务的实际份额而有不同的价格。提供辅助服务的能力可通过颁发执照或认证确定。如果发电商被迫提供服务，应补偿其成本。发电商的可用率经常与发电厂的灵活性（比如保持旋转备用使得发电量降低）背道而驰。因此，提供商应该得到一个固定的补偿。辅助服务实际份额的补偿应该是基于机会成本确定。一些如黑启动容量、远程自动发电控制及紧急事故备用等辅助服务需要如一年期的长期合同，而旋转备用、长期备用等服务通过每天或更短时间的交易购买。

第四章 我国电力市场建设与发展情况

第一节 我国电力市场改革历程

长期以来，电力行业被认为是具有自然垄断属性的行业，垄断存在于从发电、输电、配电到售电的电力生产和供应的每一个环节。然而，人们逐渐意识到这种电力行业垂直一体化的结构是缺乏效率的。20世纪80年代之前，我国电力工业一直实行垂直一体化的计划管理体制。从20世纪90年代开始，以英国为首的西方发达国家开始在电力行业引入竞争，并取得了一定的成就。我国近年来也对电力行业进行了一系列的体制改革，经过了20多年的摸索，逐步走出了一条独特的电力现货市场发展之路。

20世纪50年代至21世纪初，我国电力体制改革先后经历了集资办电、政企分开和企业化改革等不同阶段，每一阶段的改革，既为电力现货市场的建设奠定了基础，也成为市场建设的重要推动力，在尚未实现厂网分开的历史条件下，对省电力现货市场进行了初步的摸索。以国务院《关于印发电力体制改革方案的通知》（国发〔2002〕5号，以下简称国发5号文）的发布为重要标志，我国开始实施以"厂网分开、竞价上网、打破垄断、引入竞争"为主要内容的电力体制改革，从根本上破除了电力市场建设的体制障碍，区域电力现货市场探索应运而生。之后，中共中央国务院于2015年3月发布《关于进一步深化电力体制改革的若干意见》（中发〔2015〕9号，以下简称中发9号文）的发布实施，拉开了我国新一轮电力体制改革的帷幕，我国电力市场建设进入了实质性发展阶段，全国均实现了中长期市场，电力现货市场建设也全面提速，省间电力现货市场和一批批省电力现货市场试点工作相继开展，并取得了丰硕的成果。2021年11月24日，中央全面深化改革委员会第二十二次会议审议通过了《关于加快建设全国统一电力市场体系的指导意见》，系统规划了今后一个时期我国电力体制改革的使命任务、方向目标和主要举措，为加快推进我国电力市场建设指明了方向。

回顾改革开放至今，我国电力体制改革大体可以分为五个阶段，如图4-1所示。

图4-1 中国电力体制改革历程

一、第一阶段

1980～1996 年，是集资办电阶段。改革开放之后，随着国民经济的快速发展，电力供需矛盾空前突出。为解决电力建设资金不足问题，我国出台了集资办电和多渠道筹资办电等鼓励性政策，比如电力工业部提出利用部门与地方及部门与部门联合办电、集资办电、利用外资办电等办法来解决电力建设资金不足的问题，电力投融资体制改革迈出了重要一步，极大解放和发展了生产力，并且对集资新建的电力项目按还本付息的原则核定电价水平，打破了单一的电价模式，培育了按照市场规律定价的机制，有效促进了电力工业的高速发展，也随之产生一批独立发电企业，电力工业大一统的管理体制由此打破。随着多家办电格局的逐渐形成，发电侧竞争的态势出现，为激发发电厂提高降本增效的积极性，电力工业部决定在系统内开展模拟电力市场试点。1995 年浙江等省份相继在省电力局统一核算的发电厂内开展了模拟电力市场运行，走出了电力市场建设的第一步，但这并非真正意义的电力市场，其实质是内部核算单位的一种奖惩机制，很快为新的机制所取代。

二、第二阶段

1997～2001 年，是政企分开阶段。该阶段提出了"政企分开、省为实体、联合电网、统一调度、集资办电"和"因地因网制宜"的电力改革与发展方针。将电力联合公司改组为电力集团公司，组建了华北、东北、华东、华中、西北五大电力集团。1997 年，国家电力公司在北京正式成立。此后，随着电力工业部撤销，其行政管理和行业管理职能分别被移交至国家经贸委和中国电力企业联合会，电力工业彻底实现了在中央层面的政企分开。我国真正意义上的电力市场可追溯至 1998 年，这一年，国务院办公厅印发了《国务院办公厅转发国家经贸委关于深化电力工业体制改革有关问题意见的通知》（国办发〔1998〕146 号），决定在上海、浙江、山东、辽宁、吉林和黑龙江 6 省（市）进行"竞价上网"试点工作。通过第一轮省市场试点，探索形成了四种竞价模式：一是以浙江为代表的"差价合约"模式；二是以山东为代表的"确保合约、计划开停、竞争负荷"模式；三是以上海为代表的"存量与增量分开，竞价电量分年度、现货分时安排"模式；四是以东北三省为代表的"计划竞争"模式。各试点省技术支持系统相继建成并投入使用。6 个试点省之外，部分省份也开展了竞价上网相关探索。尽管当年的市场机制很不完善，但已具备了电力市场的雏形。由于当时仍处于厂网不分的大格局下，要求独立发电厂商与厂网合一的发电厂同台竞价，相关利益关系难以协调。之后，《国务院办公厅关于电力工业体制改革有关问题的通知》（国办发〔2000〕69 号）叫停了除《国家经贸委关于深化电力工业体制改革有关问题的意见》（国办发〔1998〕146 号）确定的 6 省（市）外其余各地方政府或电力企业自行制定、实施的"竞价上网"发电调度方式。尽管我国电力现货市场建设的最初探索不尽如人意，但试点过程中相关电网企业积极参与配合政府有关部门开展相关工作，强化了电网基础设施建设，完善了市场技术支持系统，加大了市场化专业人才培养力度，为市场建设发挥了应有作用，为后续市场建设积累了宝贵经验。

三、第三阶段

2002～2014 年，是厂网分开和深化改革阶段。2002 年 12 月，国务院下发了《电力体制改革方案》（即电改"五号文"），提出了"厂网分开、主辅分离、输配分开、竞价上网"的 16 字方针并规划了改革路径，总体目标是"打破垄断、引入竞争，提高效率、降低成本，健全电价机制，优化资源配置，促进电力发展，推进全国联网，构建政府监督下的政企分开、公平竞争、开放有序、健康发展的电力市场体系"。通过"厂网分开"，形成发电市场的竞争局面；在输配电网方面，由国家电网公司、南方电网公司进行双寡头垄断经营。通过"主辅分离"，形成了中国电力建设集团有限公司和中国能源建设集团有限公司。"输配分开"（将超高压输电网与中、低压的配电网的资源分开，分别经营核算，以形成发电、输电、配电环节的全面竞争）和"竞价上网"由于涉及电网的运行安全、效率和可行性等多方面问题，改革难度大，尚未实施。

国发 5 号文明确规定，"十五"期间电力体制改革的主要任务之一是"实行竞价上网，建立电力市场运行规则和政府监管体系，初步建立竞争、开放的区域电力市场"。据此，2003 年国家电监会印发了一系列有关区域电力市场建设的指导性文件，分头推动了东北华东和南方区域电力市场的建设和模拟运行。其中，东北电力市场 2004 年 1 月开始采用部分电量、单一制电价的月度竞价模式进行模拟运行，2004 年 6 月改为全电量竞争、两部制电价模式并进入年度、月度竞价模拟，2005 年完成了两轮年度竞价交易和 8 个月的月度竞价。由于受到电力市场竞争规则不完善、销售电价联动和输配电价机制不健全、容量定价方式不合理、电网阻塞造成部分发电企业行使市场力等多重因素影响，2006 年东北电力市场年度竞价结果平衡账户出现大幅资金亏损而暂停运营。华东电力市场建设方案于 2003 年正式获批，2004 年 5 月开始进入模拟运行阶段，2006 年进行了两次调电试运行之后，进入调整总结阶段，市场模式采用单一制电价、全电量报价、部分电量按竞价结果结算的方式。南方区域电力市场 2005 年 11 月进入模拟运行阶段，市场模式采用单一制电价部分电量竞争的形式。令人遗憾的是，3 个区域电力市场都没进入长周期正式运营，究其原因，既有电力市场机制设计的问题（各市场均非真正意义的电力市场），也有配套机制和市场环境不完备、不完善的问题。但客观上，区域电力市场的上述实践探索，检验了不同市场模式在我国的适用性，为电力市场的深化建设积累了经验和教训。东北、华东、南方区域电力市场概况见表 4-1。

2002 年的电力体制改革只是使得电力市场从无市场到"半市场"（或者叫不完整市场），整个产业链条上缺乏真正的市场主体，从而导致无法建立一个真正有效的交易机制。在此形势下，新一轮电力体制改革应运而生。

表 4-1　　　　　　　　东北、华东、南方区域电力市场概况

区域市场	东北电力市场	华东电力市场	南方电力市场
建设运行	总结阶段	调电试运行阶段	模拟运行阶段
市场模式	两部制电价、全电量竞争、单一购买者、统一的电力市场	一部制电价、全电量报价、部分电量按竞价结果结算、金融合同	单一制电价、部分电量竞争
竞价机组	100MW 及以上火电机组（除供热机组和企业自备电厂机组外）的发电公司（厂）	单机额定容量 100MW 及以上常规火电机组	（1）接入 500kV 电网的常规火电机组 （2）部分 30 万 kW 常规火电机组
交易品种	（1）年度竞价交易 （2）月度经济交易	（1）双边合同 （2）年度发电合同 （3）月度竞价交易 （4）日前竞价交易	（1）年度非竞争合同交易 （2）年度竞争交易 （3）月度竞争交易 （4）大用户直购电交易

四、第四阶段

2015～2020年，是新一轮电力体制改革阶段。中共中央国务院于2015年3月发布《关于进一步深化电力体制改革的若干意见》（中发〔2015〕9号，以下简称中发9号文件），开启了新一次电力改革（以下简称新电改）。随之，国家发改委又出台6个新的配套文件，内容涉及输配电价改革、电力市场建设、组建交易机构、放开发电计划、推进售电侧改革、加强自备电厂监管等，并批复云、贵两省开展电改综合试点，京、广组建电力交易中心。这标志着新电改制度建设初步完成，正式进入落地实操阶段，对电力企业、工商用户、经济发展的影响将进一步显现。

中发9号文件中对于改革的重点和基本路径可以概括为"三放开、一独立、三加强"，体制框架设计为"放开两头，管住中间"。

与第三阶段的电力体制相比，新电改主要在如下方面有变化：一是售电侧开放，允许多元化的市场主体进入；二是有效提高清洁能源上网率；三是交易机制市场化；四是转变发电企业营销观念；五是政府监管和规划进一步强化。

中发9号文件配套文件《关于推进电力市场建设的实施意见》（发改经体〔2015〕2752号）提出"逐步建立以中长期交易规避风险，以电力现货市场发现价格，交易品种齐全、功能完善的电力市场"，对电力中长期、现货市场建设作出明确部署，我国的电力市场建设重新起航。

五、第五阶段

2021 年至今，是深化燃煤发电上网电价市场化改革阶段。为加快推进电价市场化

改革，完善主要由市场决定电价的机制，保障电力安全稳定供应，进一步深化燃煤发电上网电价市场化改革，国家发展改革委于 2021 年 10 月发布《关于进一步深化燃煤发电上网电价市场化改革的通知》（以下简称 1439 号文件）。1439 号文件的总体思路是：按照电力体制改革"管住中间、放开两头"总体要求，有序放开全部燃煤发电电量上网电价，扩大市场交易电价上下浮动范围，推动工商业用户都进入市场，取消工商业目录销售电价，保持居民、农业、公益性事业用电价格稳定，充分发挥市场在资源配置中的决定性作用、更好发挥政府作用，保障电力安全稳定供应，促进产业结构优化升级，推动构建新型电力系统，助力碳达峰、碳中和目标实现。

为了有序平稳实现工商业用户全部进入电力市场，国家发展改革委于 2021 年 10 月发布 809 号文件《国家发展改革委办公厅关于组织开展电网企业代理购电工作有关事项的通知》（以下简称 809 号文件），组织开展电网企业代理购电工作。809 号文件的总体要求是：要坚持市场方向，鼓励新进入市场电力用户通过直接参与市场形成用电价格，对暂未直接参与市场交易的用户，由电网企业通过市场化方式代理购电；要加强政策衔接，做好与分时电价政策、市场交易规则等的衔接，确保代理购电价格合理形成；要规范透明实施，强化代理购电监管，加强信息公开，确保服务质量，保障代理购电行为公平、公正、公开。

809 号文件关于规范电网企业代理购电方式流程提出六点要求，分别是明确代理购电用户范围，预测代理工商业用户用电规模，确定电网企业市场化购电规模，建立健全电网企业市场化购电方式，明确代理购电用户电价形成方式，规范代理购电关系变更。

中发 9 号文及其配套文件明确提出"在全国范围内逐步形成竞争充分、开放有序、健康发展的市场体系"，电力市场是全国统一的市场体系的重要组成部分，需要通过市场机制促进资源在全国范围内优化配置。当前，北京电力交易中心会同各省电力交易中心，按照"统一市场、两级运作"的电力市场框架，努力促进能源资源大范围配置，如图 4-2 所示。

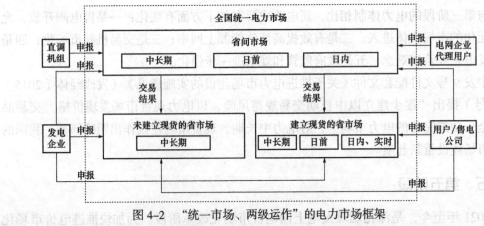

图 4-2 "统一市场、两级运作"的电力市场框架

"统一市场"：着眼于能源资源在全国范围内优化配置，充分发挥市场在资源配置中的决定性作用，避免人为壁垒影响资源配置效率。我国的一次能源资源分布比较集中，76% 的煤炭资源、80% 的水能资源分布在西部、北部和西南地区，77% 的风电装机分布在"三北"地区，而电力负荷主要分布在中东部地区，客观决定了必须在全国范围内配置资源。

"两级运作"：通过跨区跨省电力市场和省电力市场协调运作，共同确保电力供应和资源优化配置。跨区跨省电力市场以省间电能量市场为主，辅以开展省间辅助服务市场、输电权市场等，落实国家能源战略，促进能源资源大范围优化配置；省电力市场以省内电能量市场为主，辅以开展省内辅助服务市场、省内容量市场等，促进市场竞争，保证省内供需平衡，并尽可能地消纳清洁能源。跨区跨省电力市场和省电力市场通过协调交易时序、统筹优化、信息共享等方式实现两级市场协调运作。

随着电价市场化改革的不断深入，各项流程与制度的逐步完善，电力市场化交易比重也在大幅提高，电力中长期交易与现货交易相结合的电力市场体系也在逐步形成，正大步迈向全国统一电力市场阶段。我国从省间、省内两级，中长期和现货两个维度推动"统一市场，两级运作"的电力市场架构的建立，逐步完善电力市场体系。

2022 年 1 月 18 日，国家发展改革委、国家能源局下发《关于加快建设全国统一电力市场体系的指导意见》（发改体改〔2022〕118 号，以下简称《意见》），要求建立健全多层次统一电力市场体系，统一交易规则和技术标准，破除市场壁垒，推进适应能源结构转型的电力市场机制建设，加快形成统一开放、竞争有序、安全高效、治理完善的电力市场体系。

《意见》明确，到 2025 年，全国统一电力市场体系初步建成，国家市场与省（区、市）/区域市场协同运行，电力中长期、现货、辅助服务市场一体化设计、联合运营，跨省跨区资源市场化配置和绿色电力交易规模显著提高，有利于新能源、储能等发展的市场交易和价格机制初步形成。到 2030 年，全国统一电力市场体系基本建成，适应新型电力系统要求，国家市场与省（区、市）/区域市场联合运行，新能源全面参与市场交易，市场主体平等竞争、自主选择，电力资源在全国范围内得到进一步优化配置。

《意见》提出，提升电力市场对高比例新能源的适应性。严格落实支持新能源发展的法律法规和政策措施，完善适应高比例新能源的市场机制，有序推动新能源参与电力市场交易，以市场化收益吸引社会资本，促进新能源可持续投资。建立与新能源特性相适应的中长期电力交易机制，引导新能源签订较长期限的中长期合同。鼓励新能源报量报价参与现货市场，对报价未中标电量不纳入弃风弃光电量考核。在现货市场内推动调峰服务，新能源比例较高的地区可探索引入爬坡等新型辅助服务。

因地制宜建立发电容量成本回收机制。引导各地区根据实际情况，建立市场化的发电容量成本回收机制，探索容量补偿机制、容量市场、稀缺电价等多种方式，保障电源固定成本回收和长期电力供应安全。鼓励抽水蓄能、储能、虚拟电厂等调节电源的投资建设。

探索开展绿色电力交易。创新体制机制，开展绿色电力交易试点，以市场化方式发现绿色电力的环境价值，体现绿色电力在交易组织、电网调度等方面的优先地位。引导有需求的用户直接购买绿色电力，推动电网企业优先执行绿色电力的直接交易结果。做好绿色电力交易与绿证交易、碳排放权交易的有效衔接。

健全分布式发电市场化交易机制。鼓励分布式光伏、分散式风电等主体与周边用户直接交易，完善微电网、存量小电网、增量配电网与大电网间的交易结算、运行调度等机制，增强就近消纳新能源和安全运行能力。

第二节　我国电力市场相关政策

为了进一步深化我国电力市场建设，国家发改委、国家能源局在新一轮电改期间相继发布了一系列电力市场建设相关政策；国网天津市电力公司积极响应国家要求，分别对市场成员注册、交易组织、交易结算以及市场风险监督和管理等方面进行了规范。本章首先从国家层面分析梳理了我国在新一轮电改期间发布的一系列电力市场建设相关政策；并对其中部门关键政策进行解读；最后从交易管理、交易组织、交易结算等方面，详细介绍了国网天津市电力公司响应国家政策要求所制定的措施。使读者更加容易理解电力市场政策形势。

2015 年，为贯彻落实中发 9 号文意见，推进电力体制改革实施工作，发布 6 个配套文件，包括《关于推进输配电价改革的实施意见》《关于推进电力市场建设的实施意见》《关于电力交易机构组建和规范运行的实施意见》《关于有序放开发用电计划的实施意见》《关于推进输配电价改革的实施意见》《关于加强和规范燃煤自备电厂监督管理的指导意见》。

2016 年，为有序向社会资本放开配售电业务，国家发展改革委、国家能源局制定了《售电公司准入与退出管理办法》和《有序放开配电网业务管理办法》。

2017 年，为引导全社会绿色消费，促进清洁能源消纳利用，进一步完善风电、光伏发电的补贴机制，拟在全国范围内试行可再生能源绿色电力证书核发和自愿认购，国家发展改革委、财政部、国家能源局联合印发《关于试行可再生能源绿色电力证书核发及自愿认购交易制度的通知》。

2018 年，为稳妥有序推进电力市场建设，大幅度提高电力市场化交易比重，以市场化方式增加清洁电力供应，国家能源局发布《关于进一步促进发电权交易有关工作的通知》。

2019 年，进一步全面放开经营性电力用户发用电计划，提高电力交易市场化程度，深化电力体制改革，国家发展改革委发布《关于全面放开经营性电力用户发用电计划的通知》；同年，为建立促进可再生能源持续健康发展的长效机制，激励全社会加大开发利用可再生能源的力度，国家发展改革委、国家能源局联合印发《关于建立健全可再生能源电力消纳保障机制的通知》。

2020年，为深化电力市场建设，落实电力中长期"六签"工作要求，进一步指导和规范各地电力中长期交易行为，适应现阶段电力中长期交易组织、实施、结算等方面的需要，国家发展改革委、国家能源局发布《电力中长期交易基本规则》。

2021年，为加快推进电价市场化改革，完善主要由市场决定电价的机制，保障电力安全稳定供应，指导各地切实组织开展好电网企业代理购电工作，保障代理购电机制平稳运行。国家发展改革委相继发布《关于进一步深化燃煤发电上网电价市场化改革的通知》《关于组织开展电网企业代理购电工作有关事项的通知》。

上述国家相关政策文件见表4-2。

表4-2　　　　　　　　　　　　国家相关政策文件

发布时间	文件标题	文件号
2015	《关于推进输配电价改革的实施意见》	发改经体〔2015〕2752号
	《关于推进电力市场建设的实施意见》	
	《关于电力交易机构组建和规范运行的实施意见》	
	《关于有序放开发用电计划的实施意见》	
	《关于推进输配电价改革的实施意见》	
	《关于加强和规范燃煤自备电厂监督管理的指导意见》	
2016	《售电公司准入与退出管理办法》	发改经体〔2016〕2120号
	《有序放开配电网业务管理办法》	
2017	《绿色电力证书核发及自愿认购规则（试行）》	发改能源〔2017〕132号
	《关于有序放开发用电计划的通知》	发改运行〔2017〕294号
2018	《关于进一步促进发电权交易有关工作的通知》	国能发监管〔2018〕36号
2019	《关于规范优先发电优先购电计划管理的通知》	发改运行〔2019〕144号
	《关于降低一般工商业电价的通知》	发改价格〔2019〕842号
	《关于全面放开经营性电力用户发电的通知》	发改运行〔2019〕1105号
	《关于建立健全可再生能源电力消纳保障机制的通知》	发改能源〔2019〕807号
2020	《电力中长期交易基本规则》	发改能源规〔2020〕889号
2021	《关于进一步深化燃煤发电上网电价市场化改革的通知》	发改价格〔2021〕1439号
	《关于组织开展电网企业代理购电工作有关事项的通知》	发改办价格〔2021〕809号

第三节 宁夏电力市场现状

宁夏电力市场主要有三个特点：一是建成以中长期电能量市场为主，辅助服务市场协同运行的基本架构；二是统调火电机组全电量入市，新能源直接参与竞价，一般工商业用户全部入市，储能等新兴市场主体有序准入，市场活跃度明显提升；三是推进零售和现货市场发展。制定分时零售套餐，加快 e−交易平台建设，引导用户侧灵活可调资源参与电力平衡，省内现货市场"1+7"规则逐步完善。接下来，后续章节将详细介绍中长期分时段日融合交易，零售套餐、现货市场、辅助服务市场。

在新能源大规模并网情况下，宁夏电力市场需要在推动新能源消纳、确保安全供电以及降低系统成本三方面发挥引导作用。

如图 4−3 所示，新能源消纳、确保安全供电需要通过市场机制引导火电机组灵活性改造、新能源主动稳定出力。需求侧资源潜力巨大，需着重引导需求侧资源参与灵活调峰。降低系统成本方面，火电机组灵活性改造、新能源主动稳定出力均是以提升系统成本为代价的，需要通过引导需求侧资源参与灵活调峰，推动系统成本降低。

图 4−3 新能源大规模并网下电力市场引导作用

中长期市场以月度电能量为交易标的，不能体现时间价值。用电高峰时段火电机组发电、需求侧降负荷；新能源高发时，火电机组压出力、需求侧资源增加的产能意愿均不足，电力安全供应难以保障。

从图 4−4 可以看出，现货市场以 15min 电力为交易标的，能够体现电能量时间价值，需加快推进。但是，现货市场中，新能源被动接受价格，现货市场不能够完全调动新能源主动稳定出力的积极性；需求侧除调节性能很强的资源能够实时依据现货价格调节外，其他需求侧资源则需要较长一段时间，提前安排排产计划做好调峰准备，现货市场不能够完全调动需求侧资源的灵活性。

从实际运行情况来看，见图 4−5，新能源出力 2 日内预测较为准确、需求侧资源至少提前 7 日调整生产计划较为便利的现状，确定交易周期为 D+2；根据新能源发电波动性特征，确定交易时段为每天每小时；根据市场主体修订交易曲线及储能资源参与市场需求，确定中长期市场每日滚动开市，交易模式为融合交易，即同一市场主体可根据自身电力生产或消费需求，购入或售出电能量。

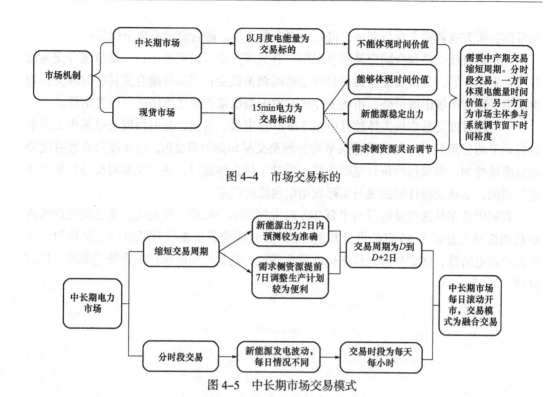

图 4-4　市场交易标的

图 4-5　中长期市场交易模式

自 2023 年 1 月起，宁夏率先实现中长期电力市场分时段连续运营，在充分考虑宁夏新能源装机、高耗能负荷"双高"特性基础上，率先建立"年度双边 + 月度竞价 + 日融合"交易机制，实现中长期市场按日连续开市，所有中长期交易分解至每日 24h 时段，中长期市场由电量交易向电力交易转变，缩短交易周期、增加交易频次、丰富交易品种，实现年、月、旬、日交易周期全覆盖。

具体来讲，就是将中长期交易按日划分 24h 时段。分时段初期，为实现与现行峰谷时段衔接并引导市场主体形成合理分时段交易价格。根据四大行业用户现行峰谷时段，结合宁夏电力供需形势，将 24h 时段归为峰、谷、平三类，各类均 8h，具体为：

峰时段：7:00 ～ 9:00，17:00 ～ 23:00；

谷时段：9:00 ～ 17:00；

平时段：0:00 ～ 7:00，23:00 ～ 0:00。

工作日组织开展交易日（D 日）后第 2 日（D+2）分时段融合交易，同一市场主体可根据自身电力生产或消费需求参与交易，进一步提升市场主体交易活跃度，提高市场合同履约率。

传统电力市场交易主要开展电力直接交易，后续通过同类市场主体间开展合同转让交易，或者与合同对手方开展合同置换、回购交易，以实现交易计划调偏。融合交易指将电力直接交易和合同交易（转让、置换、回购）进行融合组织，发电企业和电力用户均可作为买方或者卖方参与交易，进行合同电量买卖。融合交易有以下优势：

一是将直接交易和合同交易融合组织，有效提高交易组织效率；二是日融合交易按日滚动组织开展，为市场主体提供日交易曲线调偏机会；三是日融合交易各时段交易均价模拟了现货市场出清价格，市场主体该时段偏差电量按照此价格进行偏差结算。

年度和月度交易市场主体按月申报 24h 时段电量、价格，各时段成交电量由交易平台自动平均分解到日，旬交易结果平均分解至交易旬的每日 24h，与年度分月和月度分解后曲线叠加，形成用户每日基础曲线，后续市场主体通过日融合交易对交易计划曲线进行调偏，实现交易计划曲线与实际发用电曲线的匹配。

省间中长期外送交易时段与宁夏 24h 时段划分不一致的，将发电企业已成交的区内中长期交易先分解至 96 点，再合并至 24h，各时段交易价格执行原时段交易均价。考虑光伏发电特性，优先分解光伏中标电量至谷段，其他类型电源按剩余外送曲线等比例分摊。

第五章 市场主体注册及管理

第一节 市场主体的准入与退出

参与市场交易的市场主体包括发电企业、售电企业、电力用户、电网企业等，各市场主体行为准则及权利、义务按照《电力中长期交易基本规则》（发改能源〔2020〕889号）等相关文件中的要求进行管理。电力市场成员应当严格遵守市场规则，自觉自律，不得操纵市场价格、损害其他市场主体的合法权益。任何单位和个人不得非法干预市场正常运行。

第二节 市场注册流程

一、市场准入

参加市场交易的发电企业、电力用户、售电企业以及其他各类市场主体，应为具有营业执照、财务独立核算、信用良好、能够独立承担民事责任的经济实体，符合国家与进入市场省份的有关准入条件，在电力交易机构完成注册，方可获准参与市场交易。内部核算的市场主体经法人单位授权，履行相关手续后，可以参与相应电力交易。

（1）发电企业准入条件：依法取得发电项目核准或者备案文件，依法取得或者豁免电力业务许可证（发电类）；并网自备电厂公平承担发电企业社会责任、承担国家依法依规设立的政府性基金及附加以及与产业政策相符合的政策性交叉补贴，取得电力业务许可证（发电类），达到能效、环保要求，可作为市场主体参与市场化交易；分布式发电企业符合分布式发电市场化交易试点规则要求。

（2）电力用户准入条件：符合电网接入规范、满足电网安全技术要求，与电网企业签订正式供用电协议（合同）；经营性电力用户的发用电计划原则上全部放开。不符合国家产业政策的电力用户暂不参与市场化交易，产品和工艺属于淘汰类和限制类的电力用户严格执行现有差别电价政策；拥有燃煤自备电厂的用户应当按照国家规定承担政府性基金及附加、政策性交叉补贴；具备相应的计量能力或者替代技术手段，满足市场计量和结算的要求。

（3）售电企业准入条件：售电企业准入按照《售电公司管理办法》（发改体改规〔2021〕1595号）及进入市场省份的相关规定执行；拥有配电网运营权的售电企业应当取得电

力业务许可证（供电类）；售电企业应持续满足注册条件。

各类市场主体均实行市场注册。参加市场化交易的电力用户不得同时参加批发交易和零售交易，允许在合同期满的下一个年度，按照准入条件选择参加批发或零售交易。

二、退出市场

参与市场化交易的发电企业和电力用户原则上不得自行退市。有下列情形之一的，可办理正常退市手续：市场主体宣告破产，不再发电或者用电；因国家政策、电力市场规则发生重大调整，导致原有市场主体非自身原因无法继续参加市场的情况；因电网网架调整，导致发电企业、电力用户的发用电物理属性无法满足所在地区的市场准入条件。上述市场主体，在办理正常退市手续后，执行国家有关发用电政策。

售电企业有下列情形之一的，经地方主管部门和能源监管机构调查确认后，启动强制退出程序：隐瞒有关情况或者以提供虚假申请材料等方式违法违规进入市场，且拒不整改的；严重违反市场交易规则，且拒不整改的；依法被撤销、解散，依法宣告破产、歇业的；企业违反信用承诺且拒不整改的；被有关部门和社会组织依法依规对其他领域失信行为做出处理的；连续3年未在任一行政区域开展售电业务的；出现市场串谋、提供虚假材料误导调查、散布不实市场信息等严重扰乱市场秩序的；与其他市场主体发生购售电合同纠纷，经法院裁定为售电企业存在诈骗等行为的，或经司法机构或司法鉴定机构裁定伪造公章等行为的；未持续满足注册条件，且未在规定时间内整改到位的；法律、法规规定的其他情形。启动强制退出条件后，通过电力交易平台、"信用中国"等政府主管部门指定网站向社会公示10个工作日，公示结束后售电企业签订的购售电合同按照相应规定依法合规处理。

三、市场注册、变更与注销

（1）市场注册。市场主体参与电力市场化交易，应符合准入条件，在电力交易机构办理市场注册，按照有关规定履行承诺、公示、注册、备案等手续。企事业单位、机关团体等办理注册手续时应当关联用电户号等实际用电信息，并提供必要的单位名称、法人代表、联系方式等。参与批发交易的市场主体，应当办理数字安全证书或者采取同等安全等级的身份认证手段。办理售电增项业务的发电企业，应当分别以发电企业和售电企业的市场主体类别进行注册。

（2）注册信息变更。市场主体注册信息发生变更时，应当及时向电力交易机构提出变更申请。市场主体类别、法人、业务范围、企业主要股东等有重大变化的，市场主体应当再次予以承诺、公示。电力用户或者售电企业关联的用户发生并户、销户、过户、改名或者用电类别、电压等级等信息发生变化时，市场主体应当在电网企业办理变更的同时，在电力交易机构办理注册信息变更手续。电力交易机构完成注册信息变更后，对其进行交易结算，提供结算依据。

（3）注销。退出市场的市场主体应当及时向电力交易机构提出注销申请，按照要求进行公示，履行或者处理完成交易合同有关事项后予以注销。

第三节　售电企业管理

一、履约保函（保险）

按照售电企业管理办法要求，售电企业参与批发和（或）零售市场交易前，应通过以下额度的最大值向交易中心提交履约保函、履约保证保险等履约保障凭证：

（1）过去 12 个月批发市场交易总电量，按标准不低于 0.8 分 /kWh。批发市场交易电量为每月电力直接交易电量（包括年度分月、月度及月内等）的合计值。

（2）过去 2 个月内参与批发、零售两个市场交易电量的大值，按标准不低于 5 分 /kWh。批发市场交易电量为每月电力直接交易电量（包括年度分月、月度及月内等）的合计值；零售市场交易电量为每月售电企业代理的零售用户月度计划电量的合计值，若对应套餐无计划电量，则按照实际用电量统计。

对于已在交易中心注册并参与过宁夏电力直接交易的售电企业，履约保函、履约保证保险额度按照上述标准办理；在交易中心注册且过去 12 个月未参与过宁夏电力直接交易的售电企业，履约保函、履约保证保险额度按照下一年度预测交易电量、标准不低于 0.8 分 /kWh 提交。

二、零售套餐样例

（1）套餐 1（固定价格套餐）：售电企业与零售用户约定各时段计划价格，零售用户各时段实际用电量按对应时段价格结算。固定价格套餐样例见表 5-1。

表 5-1　　　　　　　　　　　　固定价格套餐样例

有效期	时段	计划电量（MWh）	计划电价（元 /MWh）
___ 年 __ 月 1 日至 ___ 年 __ 月 31 日	0:00 ～ 1:00	（实际用电量）	
	1:00 ～ 2:00	（实际用电量）	
	2:00 ～ 3:00	（实际用电量）	
	3:00 ～ 4:00	（实际用电量）	
	4:00 ～ 5:00	（实际用电量）	
	5:00 ～ 6:00	（实际用电量）	
	6:00 ～ 7:00	（实际用电量）	
	7:00 ～ 8:00	（实际用电量）	

有效期	时段	计划电量（MWh）	计划电价（元/MWh）
	8:00～9:00	（实际用电量）	
	9:00～10:00	（实际用电量）	
	10:00～11:00	（实际用电量）	
	11:00～12:00	（实际用电量）	
	12:00～13:00	（实际用电量）	
	13:00～14:00	（实际用电量）	
	14:00～15:00	（实际用电量）	
___年__月1日至___年__月31日	15:00～16:00	（实际用电量）	
	16:00～17:00	（实际用电量）	
	17:00～18:00	（实际用电量）	
	18:00～19:00	（实际用电量）	
	19:00～20:00	（实际用电量）	
	20:00～21:00	（实际用电量）	
	21:00～22:00	（实际用电量）	
	22:00～23:00	（实际用电量）	
	23:00～24:00	（实际用电量）	

零售用户电费计算公式：

1）零售用户第 a 时段电费

零售用户第 a 时段电费 = 实际用电量 × 计划电价

2）零售用户第 A 日电费

$$零售用户 A 日电费 = \sum_{a=1}^{24}（第 a 时段电费）$$

零售用户某日电费计算示例见表 5-2。

表 5-2 零售用户某日电费计算示例（固定价格套餐）

时段	实际用电量（MWh）	计划电价（元/MWh）	电费计算过程	电费（元）
0:00～1:00	200	300	200×300	60000
1:00～2:00	200	300	200×300	60000
2:00～3:00	200	300	200×300	60000

时段	实际用电量（MWh）	计划电价（元/MWh）	电费计算过程	电费（元）
3:00～4:00	200	300	200×300	60000
4:00～5:00	200	300	200×300	60000
5:00～6:00	200	300	200×300	60000
6:00～7:00	200	300	200×300	60000
7:00～8:00	100	500	100×500	50000
8:00～9:00	100	500	100×500	50000
9:00～10:00	400	200	400×200	80000
10:00～11:00	400	200	400×200	80000
11:00～12:00	400	200	400×200	80000
12:00～13:00	400	200	400×200	80000
13:00～14:00	400	200	400×200	80000
14:00～15:00	400	200	400×200	80000
15:00～16:00	400	200	400×200	80000
16:00～17:00	400	200	400×200	80000
17:00～18:00	100	500	100×500	50000
18:00～19:00	100	500	100×500	50000
19:00～20:00	100	500	100×500	50000
20:00～21:00	100	500	100×500	50000
21:00～22:00	100	500	100×500	50000
22:00～23:00	100	500	100×500	50000
23:00～24:00	200	300	200×300	60000
合计	—	—	—	1520000

（2）套餐2（约定偏差结算套餐）：售电企业与零售用户约定用户各时段计划电量及计划电价，约定超用电价及少用考核电价（少用考核电价≤计划电价50%），约定零售用户允许正负偏差范围。零售用户正偏差范围以内的电量按计划电价结算，超出正偏差以外的电量按超用电价结算；负偏差范围以内的电量不考核，超出负偏差范围以外的电量按少用考核电价结算。约定偏差结算套餐样例见表5-3。

表 5-3　　　　　　　　　　　　约定偏差结算套餐样例

有效期	时段	计划电量（MWh）	计划电价（元/MWh）	超用电价（元/MWh）	少用考核电价（元/MWh）	允许正偏范围(%)	允许负偏范围(%)
___年__月1日至___年__月31日	0:00～1:00						
	1:00～2:00						
	2:00～3:00						
	3:00～4:00						
	4:00～5:00						
	5:00～6:00						
	6:00～7:00						
	7:00～8:00						
	8:00～9:00						
	9:00～10:00						
	10:00～11:00						
	11:00～12:00						
	12:00～13:00						
	13:00～14:00						
	14:00～15:00						
	15:00～16:00						
	16:00～17:00						
	17:00～18:00						
	18:00～19:00						
	19:00～20:00						
	20:00～21:00						
	21:00～22:00						
	22:00～23:00						
	23:00～24:00						

零售用户电费计算公式：

1）零售用户第 a 时段电费。

a. 实际用电量大于计划电量。

如　　　　　计划电量＜实际用电量≤计划电量允许正偏范围

则　　　　零售用户第 a 时段电费＝实际用电量 × 计划电价

如　　　　　　计划电量允许正偏范围＜实际用电量

则　　　零售用户第 a 时段电费＝［计划电量 ×（1+ 允许偏差范围％）×

计划电价］+［实际用电量 – 计划电量 ×（1+ 允许偏差范围％）］× 超用电价

b. 实际用电量小于计划电量。

如　　　　　计划电量允许负偏范围＜实际用电量＜计划电量

则　　　零售用户第 a 时段电费＝实际用电量 × 计划电价

如　　　　　　实际用电量＜计划电量允许负偏范围

则　　　零售用户第 a 时段电费＝（实际用电量 × 计划电价）+［计划电量 ×

（1– 允许偏差范围％）– 实际用电量］× 少用电价

2）零售用户第 A 日电费。

$$零售用户 A 日电费 = \sum_{a=1}^{24} （第 a 时段电费）$$

零售用户某日电费计算示例见表 5–4、表 5–5。

表 5–4　零售用户某日电费计算示例（实际用电量＞计划电量允许正偏范围）

时段	计划电量（MWh）	计划电价（元 /MWh）	超用电价（元 /MWh）	允许正偏差范围（％）	实际用电量（MWh）	电费计算过程	电费（元）
0:00 ～ 1:00	200	300	310	10	230	200×110%×300+（230–200×110%）×310	69100
1:00 ～ 2:00	200	300	310	10	230	200×110%×300+（230–200×110%）×310	69100
2:00 ～ 3:00	200	300	310	10	230	200×110%×300+（230–200×110%）×310	69100
3:00 ～ 4:00	200	300	310	10	230	200×110%×300+（230–200×110%）×310	69100
4:00 ～ 5:00	200	300	310	10	230	200×110%×300）+（230–200×110%）×310	69100
5:00 ～ 6:00	200	300	310	10	230	200×110%×300+（230–200×110%）×310	69100

时段	计划电量（MWh）	计划电价（元/MWh）	超用电价（元/MWh）	允许正偏差范围（%）	实际用电量（MWh）	电费计算过程	电费（元）
6:00～7:00	200	300	310	10	230	200×110%×300+（230-200×110%）×310	69100
7:00～8:00	100	500	510	10	120	100×110%×500+（120-100×110%）×510	60100
8:00～9:00	100	500	510	10	120	100×110%×500+（120-100×110%）×510	60100
9:00～10:00	400	200	210	10	450	400×110%×200+（450-400×110%）×210	90100
10:00～11:00	400	200	210	10	450	400×110%×200+（450-400×110%）×210	90100
11:00～12:00	400	200	210	10	450	400×110%×200+（450-400×110%）×210	90100
12:00～13:00	400	200	210	10	450	400×110%×200+（450-400×110%）×210	90100
13:00～14:00	400	200	210	10	450	400×110%×200+（450-400×110%）×210	90100
14:00～15:00	400	200	210	10	450	400×110%×200+（450-400×110%）×210	90100
15:00～16:00	400	200	210	10	450	400×110%×200+（450-400×110%）×210	90100
16:00～17:00	400	200	210	10	450	400×110%×200+（450-400×110%）×210	90100
17:00～18:00	100	500	510	10	120	100×110%×500+（120-100×110%）×510	60100

时段	计划电量（MWh）	计划电价（元/MWh）	超用电价（元/MWh）	允许正偏差范围（%）	实际用电量（MWh）	电费计算过程	电费（元）
18:00～19:00	100	500	510	10	120	100×110%×500+（120−100×110%）×510	60100
19:00～20:00	100	500	510	10	120	100×110%×500+（120−100×110%）×510	60100
20:00～21:00	100	500	510	10	120	100×110%×500+（120−100×110%）×510	60100
21:00～22:00	100	500	510	10	120	100×110%×500+（120−100×110%）×510	60100
22:00～23:00	100	500	510	10	120	100×110%×500+（120−100×110%）×510	60100
23:00～24:00	200	300	310	10	230	200×110%×300+（230−200×110%）×310	69100
合计：	—	—	—	—	—	—	1754400

表5-5　零售用户某日电费计算示例（实际用电量＜计划电量允许负偏范围）

时段	计划电量（MWh）	计划电价（元/MWh）	少用电价（元/MWh）	允许负偏范围（%）	实际电量（MWh）	电费计算过程	电费（元）
0:00～1:00	200	300	30	10	170	170×300+［200×（1−10%）−170］×30	51300
1:00～2:00	200	300	30	10	170	170×300+［200×（1−10%）−170］×30	51300
2:00～3:00	200	300	30	10	170	170×300+［200×（1−10%）−170］×30	51300
3:00～4:00	200	300	30	10	170	170×300+［200×（1−10%）−170］×30	51300
4:00～5:00	200	300	30	10	170	170×300+［200×（1−10%）−170］×30	51300
5:00～6:00	200	300	30	10	170	170×300+［200×（1−10%）−170］×30	51300

续表

时段	计划电量（MWh）	计划电价（元/MWh）	少用电价（元/MWh）	允许负偏范围（%）	实际电量（MWh）	电费计算过程	电费(元)
6:00～7:00	200	300	30	10	170	$170 \times 300 + [200 \times (1-10\%) -170] \times 30$	51300
7:00～8:00	100	500	50	10	80	$80 \times 500 + [100 \times (1-10\%) -80] \times 50$	40500
8:00～9:00	100	500	50	10	80	$80 \times 500 + [100 \times (1-10\%) -80] \times 50$	40500
9:00～10:00	400	200	20	10	350	$350 \times 220 + [400 \times (1-10\%) -350] \times 20$	77200
10:00～11:00	400	200	20	10	350	$350 \times 220 + [400 \times (1-10\%) -350] \times 20$	77200
11:00～12:00	400	200	20	10	350	$350 \times 220 + [400 \times (1-10\%) -350] \times 20$	77200
12:00～13:00	400	200	20	10	350	$350 \times 220 + [400 \times (1-10\%) -350] \times 20$	77200
13:00～14:00	400	200	20	10	350	$350 \times 220 + [400 \times (1-10\%) -350] \times 20$	77200
14:00～15:00	400	200	20	10	350	$350 \times 220 + [400 \times (1-10\%) -350] \times 20$	77200
15:00～16:00	400	200	20	10	350	$350 \times 220 + [400 \times (1-10\%) -350] \times 20$	77200
16:00～17:00	400	200	20	10	350	$350 \times 220 + [400 \times (1-10\%) -350] \times 20$	77200
17:00～18:00	100	500	50	10	80	$80 \times 500 + [100 \times (1-10\%) -80] \times 50$	40500
18:00～19:00	100	500	50	10	80	$80 \times 500 + [100 \times (1-10\%) -80] \times 50$	40500
19:00～20:00	100	500	50	10	80	$80 \times 500 + [100 \times (1-10\%) -80] \times 50$	40500
20:00～21:00	100	500	50	10	80	$80 \times 500 + [100 \times (1-10\%) -80] \times 50$	40500
21:00～22:00	100	500	50	10	80	$80 \times 500 + [100 \times (1-10\%) -80] \times 50$	40500
22:00～23:00	100	500	50	10	80	$80 \times 500 + [100 \times (1-10\%) -80] \times 50$	40500

续表

时段	计划电量（MWh）	计划电价（元/MWh）	少用电价（元/MWh）	允许负偏范围（%）	实际电量（MWh）	电费计算过程	电费(元)
23:00～24:00	200	300	30	10	170	$170 \times 300 + [200 \times (1-10\%) - 170] \times 30$	51300
合计：	—	—	—	—	—	—	1352000

（3）套餐 3（市场联动偏差结算套餐）：售电企业与零售用户约定用户各时段计划用电量及计划电价，偏差结算价格按批发侧偏差结算价格执行。零售用户计划电量按计划电价结算，实际用电量与计划电量偏差的部分按对应时段批发侧偏差结算价格进行结算。市场联动偏差结算套餐样例见表 5-6。

表 5-6　　　　　　　　市场联动偏差结算套餐样例

有效期	时段	计划电量（MWh）	计划电价（元/MWh）	偏差结算价格
___年__月1日至___年__月31日	0:00～1:00			（按批发侧偏差结算价格执行）
	1:00～2:00			（按批发侧偏差结算价格执行）
	2:00～3:00			（按批发侧偏差结算价格执行）
	3:00～4:00			（按批发侧偏差结算价格执行）
	4:00～5:00			（按批发侧偏差结算价格执行）
	5:00～6:00			（按批发侧偏差结算价格执行）
	6:00～7:00			（按批发侧偏差结算价格执行）
	7:00～8:00			（按批发侧偏差结算价格执行）
	8:00～9:00			（按批发侧偏差结算价格执行）
	9:00～10:00			（按批发侧偏差结算价格执行）
	10:00～11:00			（按批发侧偏差结算价格执行）
	11:00～12:00			（按批发侧偏差结算价格执行）
	12:00～13:00			（按批发侧偏差结算价格执行）
	13:00～14:00			（按批发侧偏差结算价格执行）
	14:00～15:00			（按批发侧偏差结算价格执行）
	15:00～16:00			（按批发侧偏差结算价格执行）
	16:00～17:00			（按批发侧偏差结算价格执行）

有效期	时段	计划电量 （MWh）	计划电价 （元/MWh）	偏差结算价格
___年_月1日 至___年_月 31日	17:00～18:00			（按批发侧偏差结算价格执行）
	18:00～19:00			（按批发侧偏差结算价格执行）
	19:00～20:00			（按批发侧偏差结算价格执行）
	20:00～21:00			（按批发侧偏差结算价格执行）
	21:00～22:00			（按批发侧偏差结算价格执行）
	22:00～23:00			（按批发侧偏差结算价格执行）
	23:00～24:00			（按批发侧偏差结算价格执行）

零售用户电费计算公式：

1）零售用户第 a 时段电费

零售用户第 a 时段电费 =（计划电量 × 计划电价）+
（实际用电量 – 计划电量）× 批发侧偏差结算价格

2）零售用户第 A 日电费

$$零售用户 A 日电费 = \sum_{a=1}^{24}（第 a 时段电费）$$

零售用户某日电费计算示例见表5-7。

表5-7　　　　零售用户某日电费计算示例（市场联动偏差结算套餐）

时段	计划电量 （MWh）	计划电价（元 /MWh）	偏差结算价格 （元/MWh）	实际电量 （MWh）	电费计算过程	电费（元）
0:00～1:00	200	300	310	230	200×300+（230−200）×310	69300
1:00～2:00	200	300	310	230	200×300+（230−200）×310	69300
2:00～3:00	200	300	310	230	200×300+（230−200）×310	69300
3:00～4:00	200	300	310	230	200×300+（230−200）×310	69300
4:00～5:00	200	300	310	230	200×300+（230−200）×310	69300
5:00～6:00	200	300	310	230	200×300+（230−200）×310	69300
6:00～7:00	200	300	310	230	200×300+（230−200）×310	69300
7:00～8:00	100	500	510	120	100×500+（120−100）×510	60200
8:00～9:00	100	500	510	120	100×500+（120−100）×510	60200
9:00～10:00	400	200	210	450	400×200+（450−400）×210	90500

续表

时段	计划电量（MWh）	计划电价（元/MWh）	偏差结算价格（元/MWh）	实际电量（MWh）	电费计算过程	电费（元）
10:00～11:00	400	200	210	450	400×200+（450–400）×210	90500
11:00～12:00	400	200	210	450	400×200+（450–400）×210	90500
12:00～13:00	400	200	210	450	400×200+（450–400）×210	90500
13:00～14:00	400	200	210	450	400×200+（450–400）×210	90500
14:00～15:00	400	200	210	450	400×200+（450–400）×210	90500
15:00～16:00	400	200	210	450	400×200+（450–400）×210	90500
16:00～17:00	400	200	210	450	400×200+（450–400）×210	90500
17:00～18:00	100	500	510	120	100×500+（120–100）×510	60200
18:00～19:00	100	500	510	120	100×500+（120–100）×510	60200
19:00～20:00	100	500	510	120	100×500+（120–100）×510	60200
20:00～21:00	100	500	510	120	100×500+（120–100）×510	60200
21:00～22:00	100	500	510	120	100×500+（120–100）×510	60200
22:00～23:00	100	500	510	120	100×500+（120–100）×510	60200
23:00～24:00	200	300	310	230	200×330+（300–200）×320	69300
合计：	—	—	—	—	—	1760000

（4）套餐4（价差分成套餐）：售电企业与零售用户约定用户各时段用电电价、售电企业各时段批发侧交易基准均价（包括年、月、旬、日在内的中长期交易）、价差分成比例。售电企业批发侧实际交易均价（由交易中心核算）与基准均价的价差部分，按照双方约定的分成比例共享或分摊。如选取此套餐，视为该售电企业同意将批发市场实际交易均价向对应用户公布。价差分成套餐样例见表5-8。

表5-8　　　　　　　　　　　　价差分成套餐样例

有效期	时段	计划电量（MWh）	用电电价（元/MWh）	售电企业批发交易基准均价（元/MWh）	分成比例（零售用户：售电企业）
___年__月1日至___年__月31日	0:00～1:00	（实际用电量）			
	1:00～2:00	（实际用电量）			
	2:00～3:00	（实际用电量）			
	3:00～4:00	（实际用电量）			

有效期	时段	计划电量 （MWh）	用电电价 （元/MWh）	售电企业批发交 易基准均价 （元/MWh）	分成比例（零售 用户：售电企业）
	4:00～5:00	（实际用电量）			
	5:00～6:00	（实际用电量）			
	6:00～7:00	（实际用电量）			
	7:00～8:00	（实际用电量）			
	8:00～9:00	（实际用电量）			
	9:00～10:00	（实际用电量）			
	10:00～11:00	（实际用电量）			
	11:00～12:00	（实际用电量）			
	12:00～13:00	（实际用电量）			
___年_月1日 至___年_月 31日	13:00～14:00	（实际用电量）			
	14:00～15:00	（实际用电量）			
	15:00～16:00	（实际用电量）			
	16:00～17:00	（实际用电量）			
	17:00～18:00	（实际用电量）			
	18:00～19:00	（实际用电量）			
	19:00～20:00	（实际用电量）			
	20:00～21:00	（实际用电量）			
	21:00～22:00	（实际用电量）			
	22:00～23:00	（实际用电量）			
	23:00～24:00	（实际用电量）			

零售用户电费计算公式：

1）零售用户第 a 时段电费

零售用户第 a 时段电费 = 实际用电量 ×［用电电价 –

（售电企业批发基准均价 – 售电企业批发实际均价）× 分成比例］

2）零售用户第 A 日电费

$$零售用户 A 日电费 = \sum_{a=1}^{24}（第 a 时段电费）$$

零售用户某日电费计算示例见表5-9。

表 5-9　　　　　　　　　　零售用户某日电费计算示例（价差分成套餐）

时段	实际用电量（MWh）	用电电价（元/MWh）	售电企业批发交易基准均价（元/MWh）	分成比例（零售用户：售电企业）	售电企业实际批发交易均价（元/MWh）	电费计算过程	电费（元）
0:00～1:00	230	300	290	4:6	280	230×［300-（290-280）×40%］	68080
1:00～2:00	230	300	290	4:6	280	230×［300-（290-280）×40%］	68080
2:00～3:00	230	300	290	4:6	280	230×［300-（290-280）×40%］	68080
3:00～4:00	230	300	290	4:6	280	230×［300-（290-280）×40%］	68080
4:00～5:00	230	300	290	4:6	280	230×［300-（290-280）×40%］	68080
5:00～6:00	230	300	290	4:6	280	230×［300-（290-280）×40%］	68080
6:00～7:00	230	300	290	4:6	280	230×［300-（290-280）×40%］	68080
7:00～8:00	120	500	490	4:6	500	120×［500-（490-500）×40%］	60480
8:00～9:00	120	500	490	4:6	500	120×［500-（490-500）×40%］	60480
9:00～10:00	450	200	190	4:6	180	450×［200-（190-180）×40%］	88200
10:00～11:00	450	200	190	4:6	180	450×［200-（190-180）×40%］	88200
11:00～12:00	450	200	190	4:6	180	450×［200-（190-180）×40%］	88200
12:00～13:00	450	200	190	4:6	180	450×［200-（190-180）×40%］	88200
13:00～14:00	450	200	190	4:6	180	450×［200-（190-180）×40%］	88200
14:00～15:00	450	200	190	4:6	180	450×［200-（190-180）×40%］	88200
15:00～16:00	450	200	190	4:6	180	450×［200-（190-180）×40%］	88200
16:00～17:00	450	200	190	4:6	180	450×［200-（190-180）×40%］	88200
17:00～18:00	120	500	490	4:6	500	120×［500-（490-500）×40%］	60480
18:00～19:00	120	500	490	4:6	500	120×［500-（490-500）×40%］	60480
19:00～20:00	120	500	490	4:6	500	120×［500-（490-500）×40%］	60480
20:00～21:00	120	500	490	4:6	500	120×［500-（490-500）×40%］	60480
21:00～22:00	120	500	490	4:6	500	120×［500-（490-500）×40%］	60480
22:00～23:00	120	500	490	4:6	500	120×［500-（490-500）×40%］	60480
23:00～24:00	230	300	290	4:6	280	230×［300-（290-280）×40%］	68080
合计：	—	—	—	—	—	—	1734080

上述零售套餐价格均为电能量交易价格，电费计算不应包含输配电价、政府性基金及附加等。

第六章　电力中长期交易

第一节　省内中长期交易

电力中长期交易指发电企业、电力用户、售电企业等市场主体，通过双边协商、集中交易等市场化方式，开展的多年、年、季、月、周、多日等电力批发交易。电力中长期交易现阶段主要开展电能量交易，灵活开展发电权交易、合同转让交易，根据市场发展需要开展输电权、容量等交易。

根据交易标的物执行周期不同，中长期电能量交易包括年度（多年）电量交易（以某个或者多个年度的电量作为交易标的物，并分解到月）、月度电量交易（以某个月度的电量作为交易标的物）、月内（多日）电量交易（以月内剩余天数的电量或者特定天数的电量作为交易标的物）等针对不同交割周期的电量交易。

一、交易方式

1. 电能量交易

电能量交易包括集中交易和双边协商交易两种方式。其中集中交易包括集中竞价交易、滚动撮合交易和挂牌交易三种形式。

双边协商交易指市场主体之间自主协商交易电量（电力）、电价，形成双边协商交易初步意向后，提交电力交易平台，经安全校核和相关方确认后，形成交易结果。校核不通过时，按提交时间优先或等比例的原则进行削减。

集中竞价交易指设置交易报价提交截止时间，电力交易平台汇总市场主体提交的交易申报信息，按照市场规则进行统一的市场出清，发布市场出清结果。

滚动撮合交易是指在规定的交易起止时间内，市场主体可以随时提交购电或者售电信息，电力交易平台按照时间优先、价格优先的原则进行滚动撮合成交。

挂牌交易指市场主体通过电力交易平台，将需求电量或者可供电量的数量和价格等信息对外发布要约，由符合资格要求的另一方提出接受该要约的申请。

以双边协商交易和滚动撮合交易形式开展的电力中长期交易鼓励连续开市，以集中竞价交易形式开展的电力中长期交易应当实现定期开市。双边合同在双边交易申报截止时间前均可提交或者修改。

2. 转让交易

同一市场主体可根据自身电力生产或者消费需要，购入或者售出电能量。

为降低市场操纵风险，发电企业在单笔电力交易中的售电量不得超过其剩余最大发电能力，购电量不得超过其售出电能量的净值（指多次售出、购入相互抵消后的净售电量）。电力用户和售电企业在单笔电力交易中的售电量不得超过其购入电能量的净值（指多次购入、售出相互抵消后的净购电量）。

除电网安全约束外，不得限制发电企业在自身发电能力范围内的交易电量申报；发电权交易、合同转让交易应当遵循购售双方的意愿，不得人为设置条件，原则上鼓励清洁、高效机组替代低效机组发电。

二、交易品种

目前电力中长期交易品种包括电力直接交易、发电权交易、合同交易、自备替代交易、日融合交易、绿电交易等。后期根据市场需求，增加其他类型交易品种。

1. 电力直接交易

电力直接交易原指符合准入条件的电力用户与发电企业按照自愿参与、自主协商的原则直接进行的购售电交易，电网企业按规定提供输电服务。随着售电侧改革的推进，售电企业作为新的一类市场主体逐步参与到电力直接交易中。

2. 发电权交易

发电权交易指发电企业之间优先发电计划转让的交易。原则上应遵循清洁能源和高效环保机组替代低效高能耗机组发电的原则。优先顺序原则为：清洁能源机组、燃气机组、高效环保煤电机组。享有优先发电政策的热电联产机组"以热定电"电量不能开展发电权交易。

3. 合同交易

合同交易指不影响相关方利益的前提下，通过市场化交易方式实现市场主体之间合同电量的有偿出让和买入交易。合同交易包括合同转让交易、合同置换交易、合同回购交易。根据宁夏电力市场发展需要，适时开展各类合同交易，满足市场主体合同电量调整需求。

（1）合同转让交易指将合同的全部或部分电量转让给合同之外的第三方的交易。

（2）合同置换交易指交易双方将各自的售电（或购电）合同执行时间段进行置换，保持双方全年总的合同电量不变。

（3）合同回购交易指由原合同各方协商一致，由售电方回购部分交易电量，回购电量、价格由合同双方协商确定。

4. 自备替代交易

自备替代交易指依法核准备案、未被列入强制关停的燃煤自备机组，且具备生产负荷的电力用户，按照相关规则开展的自备替代交易。交易电量按照典型曲线分解至小时。

5. 日融合交易

日融合交易是指将每天24h分为若干个时段，以每个时段的电量为交易标的，组织发电侧与批发用户或售电企业按时段开展电力中长期交易。同一市场主体可根据自身电力生产或者消费需求，购入或售出电量。

6. 绿电交易

绿电交易即绿色电力交易。绿色电力交易特指以绿色电力产品为标的物的电力中长期交易，用以满足电力用户购买、消费绿色电力需求，并提供相应的绿色电力消费认证。它是在电力中长期市场体系框架内设立的一个全新交易品种。

三、交易价格

1. 总体原则

除计划电量执行政府确定的价格外，电力中长期交易的成交价格应当由市场主体通过双边协商、集中交易等市场化方式形成，第三方不得干预。电能量市场化交易（含省内和跨区跨省）价格包括脱硫、脱硝、除尘和超低排放电价。

市场用户的用电价格由电能量交易价格、输配电价格、辅助服务费用、政府性基金及附加等构成，促进市场用户公平承担系统责任。输配电价格、政府性基金及附加按照国家有关规定执行。

2. 价格形成

双边交易价格按照双方合同约定执行。集中交易价格机制具体由各地区市场规则确定。其中，集中竞价交易可采用边际出清或者高低匹配等价格形成机制；滚动撮合交易可采用滚动报价、撮合成交的价格形成机制；挂牌交易采用一方挂牌、摘牌成交的价格形成机制。

除国家有明确规定的情况外，双边协商交易原则上不进行限价。集中竞价交易中，为避免市场操纵以及恶性竞争，可对报价或者出清价格设置上、下限。价格上、下限的设置原则上由相应电力市场管理委员会提出，经国家能源局派出机构和政府有关部门审定，应当避免政府不当干预。

3. 输配电价及线损

输配电价是电网经营企业提供接入、联网、电能输送和销售服务的价格总称，是电力产业价值链的中间环节。按照合理补偿输配电设施的投资与运行维护成本（折旧、人工成本、材料修理费、贷款利息等），获取投资合理回报（投资收益），依法计入税金等形成输配电价。

线损是电网经营企业提供电能输送和销售服务过程中发生的能量损耗，损耗电量与同期总购电量的比值为线损率。一般依据电网经营企业平均购电价折算线损价格，线损折价公式通常为：平均购电电价 × 线损率 / (1- 线损率)。

4. 两部制电价

两部制电价是将电价分成基本电价与电度电价两部分。基本电价是将工业企业的变压器容量或最大需用量（即一月中每 15min 或 30min 平均负荷的最大值）作为计算电价的依据，由供电部门与用电部门签订合同，确定限额，每月固定收取，不以实际耗电数量为转移；电度电价是按电力用户实际耗电度数计算的电价。

参与直接交易的两部制电价用户，基本电价按对应的目录电价标准执行。

5. 分时段电价

分时段电价即实行差别性峰谷电价，同时调高高峰电价，调低低谷电价，使得供需均衡。该电价模式通过设置一种激励措施，鼓励消费者在非高峰时段增加用电，在高峰时段节约用电。分时段价格歧视策略就是提供一种在高峰时段消费电量支付高价格，非高峰时段消费电量支付低价格的模式，利用价格杠杆调节电力消费不均状况，从而有利于电力企业降低企业生产成本，均衡供应电力，并避免部分发电机组每日经常关闭和重新启动而造成巨大损耗等问题。

2023年之前，参与直接交易的峰谷电价电力用户，可以继续执行峰谷电价，直接交易电价作为平段电价，峰、谷电价按现有峰平谷比价计算，电力用户不参与分摊调峰费用；也可以按直接交易电价结算，电力用户通过辅助服务考核与补偿机制分摊调峰费用或者直接购买调峰服务。自2023年起，所有市场主体执行分时段交易价格，不再执行传统的峰谷电价。

四、交易组织

1. 总体原则

对于定期开市和连续开市的交易，交易公告应当提前至少1个工作日发布；对于不定期开市的交易，应当提前至少5个工作日发布。交易公告发布内容应当包括：

（1）交易标的（含电力、电量和交易周期）、申报起止时间；

（2）交易出清方式；

（3）价格形成机制；

（4）关键输电通道可用输电容量情况。

交易的限定条件必须事前在交易公告中明确，原则上在申报组织以及出清过程中不得临时增加限定条件，确有必要的应当公开说明原因。

电力交易机构基于电力调度机构提供的安全约束条件开展电力交易出清。

对于签订市场化交易合同的机组，分配基数电量时原则上不再进行容量剔除。

电力交易机构负责组织开展可再生能源电力相关交易，指导参与电力交易的承担消纳责任的市场主体优先完成可再生能源电力消纳相应的电力交易，在中长期电力交易合同审核、电力交易信息公布等环节对承担消纳责任的市场主体给予提醒。各承担消纳责任的市场主体参与电力市场交易时，应当向电力交易机构做出履行可再生能源电力消纳责任的承诺。

2. 年度交易组织

年度（多年）交易的标的物为次年（多年）的电量（或者年度分时电量）。年度（多年）交易可通过双边协商或者集中交易的方式开展。

市场主体经过双边协商形成的年度（多年）意向协议，需要在年度双边交易申报截止前，通过电力交易平台提交至电力交易机构。电力交易机构根据电力调度机构提供的关键通道年度可用输电容量，形成双边交易预成交结果。

采用集中交易方式开展年度（多年）交易时，发电企业、售电企业和电力用户在规定的报价时限内通过电力交易平台申报报价数据。电力交易机构根据电力调度机构提供的关键通道年度可用输电容量进行市场出清，形成集中交易预成交结果。

年度交易结束后，电力交易机构汇总每类交易的预成交结果，并提交电力调度机构统一进行安全校核。电力调度机构在 5 个工作日内返回安全校核结果，由电力交易机构发布。安全校核越限时，由相关电力交易机构根据市场规则协同进行交易削减和调整。

市场主体对交易结果有异议的，应当在结果发布 1 个工作日内向电力交易机构提出，由电力交易机构会同电力调度机构在 1 个工作日内给予解释。逾期未提出异议的，电力交易平台自动确认成交。

3. 月度交易组织

月度交易的标的物为次月电量（或者月度分时电量），宁夏目前也可组织开展针对年度内剩余月份的月度电量（或者月度分时电量）交易。月度交易可通过双边协商或者集中交易的方式开展。

市场主体经过双边协商形成的意向协议，需要在月度双边交易申报截止前，通过电力交易平台提交至电力交易机构。电力交易机构根据电力调度机构提供的关键通道月度可用输电容量，形成双边交易预成交结果。

采用集中交易方式开展月度交易时，发电企业、售电企业和电力用户在规定的报价时限内通过电力交易平台申报报价数据。电力交易机构根据电力调度机构提供的关键通道月度可用输电容量进行市场出清，形成集中交易预成交结果。

月度交易结束后，电力交易机构汇总每类交易的预成交结果，并提交给电力调度机构统一进行安全校核。电力调度机构在 2 个工作日内返回安全校核结果，由电力交易机构发布。安全校核越限时，由相关电力交易机构根据市场规则协同进行交易削减和调整。

市场主体对交易结果有异议的，应当在结果发布 1 个工作日内向电力交易机构提出，由电力交易机构会同电力调度机构在 1 个工作日内给予解释。逾期未提出异议的，电力交易平台自动确认成交。

电力交易机构应当根据经安全校核后的交易结果，对年度交易分月结果和月度交易结果进行汇总，于每月月底前发布汇总后的交易结果。

4. 月内交易组织

月内（多日）交易的标的物为月内剩余天数或者特定天数的电量（或者分时电量）。月内交易主要以集中交易方式开展。根据交易标的物不同，月内交易可定期开市或者连续开市。

月内集中交易中，发电企业、售电企业和电力用户在规定的报价时限内通过电力交易平台申报报价数据。电力交易机构根据电力调度机构提供的关键通道月内可用输电容量进行市场出清，形成集中交易预成交结果。

电力交易机构将月内集中交易的预成交结果提交给电力调度机构进行安全校核。电力调度机构应当在 1 个工作日内返回安全校核结果，由电力交易机构发布。市场主体对交易结果有异议的，应当在结果发布 1 个工作日内向电力交易机构提出，由电力交易机构会同电力调度机构在 1 个工作日内给予解释。

月内集中交易结束后，电力交易机构应当根据经安全校核后的交易结果，对分月交易计划进行调整、更新和发布。

五、安全校核

1. 总体原则

各类交易应当通过电力调度机构安全校核。涉及跨区跨省的交易，须提交相关电力调度机构共同进行安全校核,各级电力调度机构均有为各电力交易机构提供电力交易(涉及本电力调度机构调度范围的) 安全校核服务的责任。安全校核的主要内容包括通道输电能力限制、机组发电能力限制、机组辅助服务限制等内容。

电力调度机构应当及时向电力交易机构提供或者更新各断面（设备）、各路径可用输电容量，以及交易在不同断面、路径上的分布系数，并通过交易平台发布必开机组组合和发电量需求、影响断面（设备）限额变化的停电检修等。

电力交易机构以各断面、各路径可用输电容量等为约束，对集中交易进行出清，并与同期组织的双边交易一并提交电力调度机构进行安全校核。

2. 安全校核过程

为保障系统整体的备用和调峰调频能力，在各类市场化交易开始前，电力调度机构可以根据机组可调出力、检修天数、系统负荷曲线以及电网约束情况，折算得出各机组的电量上限，对参与市场化交易的机组发电利用小时数提出限制建议，并及时提供关键通道可用输电容量、关键设备检修计划等电网运行相关信息，由电力交易机构予以公布。

其中，对于年度交易，应当在年度电力电量预测平衡的基础上，结合检修计划，按照不低于关键通道可用输电容量的 80% 下达交易限额。对于月度交易，应当在月度电力电量预测平衡的基础上，结合检修计划和发电设备利用率，按照不低于关键通道可用输电容量的 90% 下达交易限额；发电设备利用率应当结合调峰调频需求制定，并向市场主体公开设备利用率。对于月度内的交易，参考月度交易的限额制定方法，按照不低于关键通道可用输电容量的 95% 下达交易限额。

3. 安全校核执行

安全校核未通过时，由电力交易机构进行交易削减。对于双边交易，可按照时间优先、等比例等原则进行削减；对于集中交易，可按照价格优先原则进行削减，价格相同时按照发电侧节能低碳电力调度的优先级进行削减。

执行过程中，电力调度机构因电网安全和清洁能源消纳原因调整中长期交易计划后，应当详细记录原因并向市场主体说明。

安全校核应当在规定的期限内完成。安全校核未通过时，电力调度机构需出具书面解释，由电力交易机构予以公布。

六、交易合同

各市场主体根据交易结果或者政府下达的计划电量，参照合同示范文本签订购售电合同，并在规定时间内提交至电力交易机构。购售电合同中应当明确购电方、售电方、输电方、电量（电力）、电价、执行周期、结算方式、偏差电量计量、违约责任、资金往来信息等内容。

购售电合同原则上应当采用电子合同签订，电力交易平台应当满足国家电子合同有关规定的技术要求，市场成员应当依法使用可靠的电子签名，电子合同与纸质合同具备同等效力。

在电力交易平台提交、确认的双边协商交易以及参与集中交易产生的结果，各相关市场主体可将电力交易机构出具的电子交易确认单（视同为电子合同）作为执行依据。

七、交易执行

电力交易机构汇总各市场主体参与的各类交易合同（含优先发电合同、基数电量合同、市场交易合同），形成省内发电企业的月度发电计划，并依据月内（多日）交易进行更新和调整。电力调度机构根据经安全校核后的月度（含调整后的）发电计划以及清洁能源消纳需求，合理安排电网运行方式和机组开机方式。电力交易机构汇总跨区跨省交易合同，形成跨区跨省发电企业的月度发电计划，并依据月内（多日）交易进行更新和调整。

年度合同的执行周期内，次月交易开始前，在购售双方一致同意且不影响其他市场主体交易合同执行的基础上，允许通过电力交易平台调整后续各月的合同分月计划（合同总量不变），调整后的分月计划需通过电力调度机构安全校核。

电力交易机构定期跟踪和公布月度（含多日交易调整后的）发电计划完成进度情况。市场主体对发电计划完成进度提出异议时，电力调度机构负责出具说明，电力交易机构负责公布相关信息。

全部合同约定交易曲线的，按照合同约定曲线形成次日发电计划；部分合同约定交易曲线的，由电力调度机构根据系统运行需要，安排无交易曲线部分的发电曲线，与约定交易曲线的市场化交易合同共同形成次日发电计划。

电力系统发生紧急情况时，电力调度机构可基于安全优先的原则实施调度，事后向国家能源局派出机构、地方政府电力管理部门报告事件经过，并向市场主体进行相关信息披露。

第二节 省间中长期交易

一、交易优先级

按交易周期，交易优先顺序依次为年度（含多年）交易、月度（含多月）交易、月内交易。

在同一交易周期优先级下，不同类型交易优先级由高至低如下：

（1）售方为输电通道配套清洁能源、沙戈荒基地，送电方向为国家明确的消纳省份，其中绿电交易优先。

（2）售方为输电通道配套火电，送电方向为国家明确的消纳省份，交易规模不超过优先发电计划电量。

（3）售方为非输电通道配套电源、沙戈荒基地，送电方向与优先发电计划一致，交易规模不超过优先发电计划电量，其中绿电交易优先。

（4）以绿电交易方式开展，售方为非输电通道配套新能源、沙戈荒基地，非优先发电计划，或交易规模超出优先发电计划的电量。在送电方向上，送受端均为直流落点省份或国家明确外送、消纳省份，优先于送受端一侧为直流落点省份或国家明确外送、消纳省份，优先于其他方向交易。

（5）售方为输电通道配套火电，送电方向为国家明确的消纳省份，交易规模超出优先发电计划的电量。

（6）以下交易视为优先级相同：

1）以非绿电交易方式开展，售方为非输电通道配套电源、沙戈荒基地，非优先发电计划，或交易规模超出优先发电计划的电量；

2）输电通道配套电源经其他路径向国家明确的消纳省份送电；

3）输电通道配套电源向非国家明确的消纳省份送电；

4）其他交易。

在送电方向上，送受端均为直流落点省份或国家明确外送、消纳省份，优先于送受端一侧为直流落点省份或国家明确外送、消纳省份，优先于其他方向交易。

在此基础上，按能源类型，优先顺序依次为全清洁能源交易、部分清洁能源交易、全火电交易。

二、交易执行

通过安全校核的交易，交易合同生效。电力调度机构及市场主体按交易合同予以执行。北京电力交易中心可按月分类汇总已生效的年度、月度跨区跨省交易合同中关于电力生产的信息，形成月度交易计划。

电力调度机构按调度管理范围在跨区输电通道、跨省断面、发电调度等各环节执行交易电量、曲线。因电力保供、电网安全，电力调度机构可对相关通道及发电企业未执行的交易电量、曲线按本细则优先级予以调整，事后向北京电力交易中心提供调整原因。

三、交易方式

跨区跨省交易方式有双边协商交易、挂牌交易、集中竞价交易、滚动撮合交易等。

（1）双边协商指购售双方协商一致后，由一方市场主体通过交易平台将需求电量、价格、电力曲线等信息向交易意向方提出要约，由交易意向方接受该要约的交易方式。

（2）挂牌交易指市场主体通过交易平台将需求电量、价格、电力曲线等信息向多个交易意向方发布要约（挂牌），由交易意向方按规则接受该要约（摘牌）的交易方式。

（3）集中竞价（含多通道集中竞价）指在规定的交易申报时间截止时间前，市场主体提交购电或售电信息，包括电量、价格、电力曲线等，交易平台汇总并按市场规则统一出清成交的交易方式。出清主要采用边际电价法或报价撮合法。

（4）滚动撮合指在规定的交易申报时间内，市场主体提交购电或售电信息，包括电量、价格、电力曲线等，交易平台按照时间优先、价格优先的原则进行滚动撮合成交的交易方式。

四、交易品种

跨区跨省交易分为电能量交易、绿电交易、合同变更、合同转让等。

电能量交易的标的物为分时段电能量。交易方式包括双边协商、挂牌、集中竞价、滚动撮合。

绿电交易指电力用户、售电企业跨区跨省购买绿色电力产品。交易方式为以平台聚合方式开展的集中竞价、挂牌交易等。绿电交易实施细则另行制定发布。

合同变更指购售双方对未执行部分交易电量、电力曲线、价格等进行协商变更。交易方式主要为双边协商。

合同转让指合同其中一方市场主体对未履行的合同全部或部分转让给第三方。交易方式主要为双边协商。

五、交易准备

1. 年度交易准备

电力调度机构按信息披露有关要求向相关市场主体披露约束信息和预测信息。向北京电力交易中心提供跨区跨省主要断面、各输电通道的输电限额（简称"通道限额"）。

市场管理委员会对集中竞价价差系数 K 等参数进行协商，协商结果向国家发展改革委、国家能源局报备。

电网企业在交易平台发布次年专项工程、区域电网、省级电网外送输电价格标准。

2. 月度交易准备

电力调度机构按信息披露有关要求向相关市场主体披露约束信息和预测信息。向北京电力交易中心提供最新的通道限额，并根据电网运行方式及检修安排更新。

交易前，集中竞价交易、滚动撮合交易规模上限由相关电网企业（含电力调度机构）根据本省区最大外送、受入能力和剩余通道能力在交易平台确定。

配套电源应足额落实优先发电规模计划，在优先满足受电省需要的基础上，如月度、月内市场仍有富余能力，可开展相关交易（优先与所在省开展）。

六、交易时序

1. 总体原则

市场交易公告为年度、月度市场开市时，由北京电力交易中心向相关市场主体公布的公告，市场交易公告发布即表示市场开市。

市场交易公告内容包括交易品种、交易主体、交易方式、交易申报时间、交易合同执行开始时间及终止时间、交易参数、出清方式、交易约束信息、交易操作说明、其他准备信息等必要信息。

交易日历在年度、月度市场交易公告中明确，主要包括多年、年、月、周、多日、日交易安排等。月度市场交易公告中交易日历为次月月度及月内各类交易时间安排，在年度交易日历基础上细化更新。

交易时间安排在工作日北京时间 9:00 ～ 17:00。

在年度、月度市场，挂牌、双边交易的要约定发布时间，以及定期开展的集中竞价、滚动撮合交易通知时间，与市场主体申报时间间隔原则上不少于 1 个工作日。参与交易前市场主体应在交易平台签订交易承诺书。

2. 年度交易

年度交易是指执行时间为自次年起多年、次年全部月份，次年部分月份的交易。年度交易在年度市场开展，每年开展一次。

每年 11 月第 1 个工作日 17:30 之前，北京电力交易中心发布次年年度市场交易公告（包括多通道集中竞价等定期开市交易日期），年度交易开市。若政府主管部门有要求的，北京电力交易中心可调整年度市场交易公告中的时间安排，并通知市场主体。

原则上每年年度市场交易公告发布后至 11 月中旬，市场主体完成双边、挂牌要约填报及提交，电量、电力曲线应不超过通道限额。北京电力交易中心 3 个工作日内反馈受理结果。具体安排以年度市场交易公告为准。

原则上每年 11 月中旬末，北京电力交易中心集中发布受理通过的要约，具体安排以年度市场交易公告为准。

原则上每年 11 月底，市场主体在交易平台进行交易申报，具体安排以年度市场交易公告及信息通知为准。市场主体须在规定申报时间内完成申报。

原则上每年 12 月初北京电力交易中心发布预成交结果，具体安排以年度市场交易公告为准。汇总后的全部年度交易预成交结果提交国调安全校核。

国调于收到全部年度交易预成交结果后第 5 个工作日 17:30 前完成安全校核，并将校核结果及原因返回至北京电力交易中心。校核未通过的，北京电力交易中心调减后再次提交国调安全校核，直至安全校核通过。

国调返回安全校核通过意见后第 3 个工作日 17:30 前，北京电力交易中心发布成交结果。国调发布安全校核情况及原因。

市场主体对交易结果有异议的，应当在结果发布 1 个工作日内向北京电力交易中心提出，由北京电力交易中心会同国调在 1 个工作日给予解释。

3. 月度交易

月度交易是指执行时间为次月全部或部分自然日的交易。月度交易在月度市场开展，每月开展一次。月度市场可开展执行时间为 2 个月及以上的多月交易。

每月第 2 个工作日 17:30 之前，北京电力交易中心发布次月月度市场交易公告（包括多通道集中竞价等定期开市交易日期、次月月内市场运营有关安排），月度市场开市。

原则上月度市场交易公告发布后至上旬最后 1 个工作日，市场主体完成双边、挂牌要约填报及提交，电量、电力曲线应不超过通道限额。北京电力交易中心 2 个工作日内返回受理结果。具体安排以每月月度市场交易公告为准。

原则上每月中旬初，北京电力交易中心发布受理通过的要约，具体安排以月度市场交易公告为准。

原则上每月中旬末，市场主体在交易平台进行交易申报，具体安排以月度市场交易公告及信息通知为准。市场主体须在规定时间内完成申报。

原则上每月下旬初，北京电力交易中心发布预成交结果，具体安排以月度市场交易公告为准。汇总后的全部月度及多月交易预成交结果提交国调安全校核。

国调于收到全部月度及多月交易预成交结果后第 2 个工作日 17:30 前完成安全校核，并将校核结果及原因返回至北京电力交易中心。校核未通过的，北京电力交易中心调减后再次提交国调安全校核，直至安全校核通过。

国调返回安全校核通过意见后的第 2 个工作日 17:30 前，北京电力交易中心发布成交结果。国调发布安全校核情况及原因。

市场主体对交易结果有异议的，应当在结果发布 1 个工作日内向北京电力交易中心提出，由北京电力交易中心会同国调在 1 个工作日给予解释。

4. 月内交易

月内交易于每月月度市场闭市后开展,开展执行时间为次月月内剩余自然日的交易。

北京电力交易中心发布月度交易成交结果后下个工作日开始,每个工作日均可受理执行开始时间最早为 D+3 个工作日、执行截止时间最迟为月底的月内交易。具体安排以月度市场交易公告为准。

D+1 工作日 11:00 前,市场主体填报及提交双边、挂牌要约,电量、电力曲线应不超过通道限额。17:30 前,北京电力交易中心进行形式审核,受理通过的要约在交易平台发布;受理未通过的退回。

D+2 工作日 11:00 前,市场主体在交易平台进行交易申报,市场主体须在规定申报时间内完成申报。17:30 前,北京电力交易中心发布预成交结果并根据调度管理范围提交国调或网调安全校核。

D+3 工作日 17:30 前,国调或网调进行安全校核,北京电力交易中心完成调减至安全校核通过,北京电力交易中心发布成交结果,国调或网调发布安全校核情况及原因。

市场主体对交易结果有异议的,应当在结果发布 1 个工作日内向北京电力交易中心提出,由北京电力交易中心会同国调或网调在 1 个工作日给予解释。

七、交易流程

1. 双边协商交易

(1)要约填报。双边要约由发起双边协商交易的市场主体在交易平台填报,内容主要包括需求电力曲线、电量、价格、交易意向方等信息;发电企业为非配套电源的双边要约填报前须签订双方盖章协议,扫描件在交易平台进行备案;交易要约涉及省调调度管理发电企业的,提交北京电力交易中心前,由其省调或电网企业对要约中电量、电力曲线是否影响本省电网平衡、安全等情况进行评估,并在交易平台向填报要约的市场主体反馈评估结果。

(2)要约受理。北京电力交易中心对市场主体提交要约的完整性进行形式审核。反馈意见为受理的,要约内容确定;反馈意见为返回的,要约可修改后再次提交,受理时限重计。

(3)要约发布。北京电力交易中心将受理通过的要约向要约中确定的交易意向方发布,并告知申报时间;要约发布后原则上不得修改。若确需修改,则填报要约的市场主体(填报方)须在交易意向方确认前向北京电力交易中心提出书面申请,并将有关情况告知交易意向方。若交易意向方已确认,填报方不得申请修改;参与交易的相关市场主体可查看、下载要约。

(4)交易申报。双边交易意向方于规定时间内在交易平台进行确认申报。

(5)交易预成交及发布。北京电力交易中心会同相关交易机构联合开展电量校核。相关电力调度机构将电网运行约束提供相应交易机构。相关交易机构结合省间省内已达成交易合同电力电量，以及有关政策要求等信息，对市场主体申报电量进行审核，对超容量申报数据进行调减，并通过交易平台及时披露对超容量申报电量的调减情况。

交易平台进行交易预出清。预出清电量为电量校核后的电量；预出清曲线为要约曲线，若按 24 时申报，则按线性插值法由 24 时电力扩展为 96 点电力；若预出清电量小于要约电量，预出清曲线则按照要约曲线形状等比例调减。预出清价格为要约价格。

北京电力交易中心在同一市场运营周期，汇总同一输电通道上的所有交易预出清结果，根据当时该输电通道的输电限额，按照交易优先级进行协同出清，形成交易预成交结果。若预成交电量小于预出清电量，预成交曲线则按照预出清曲线形状等比例调减。预成交价格为预出清价格。

北京电力交易中心通过交易平台向开展交易的市场主体发布预成交结果，主要内容包括预成交电量、曲线、价格。

（6）安全校核。北京电力交易中心将预成交结果汇总提交电力调度机构安全校核。

电力调度机构按有关技术规范进行安全校核，按通道将未通过安全校核的交易，通道能力、越限情况及受限原因等安全校核意见反馈北京电力交易中心。

北京电力交易中心根据交易优先级对涉及的交易进行调减，直至安全校核通过。涉及调减的交易，各市场主体出清电量及曲线按照预成交结果等比例调减。

（7）成交结果发布。成交价格与预成交价格一致，成交电量为安全校核通过的电量，成交曲线为安全校核通过的曲线。北京电力交易中心通过交易平台将成交结果向开展交易的市场主体发布，主要内容包括成交电量、曲线、价格。

电力调度机构通过交易平台将安全校核情况和原因向开展交易的市场主体发布。

2. 挂牌交易

（1）要约填报。挂牌要约由发起挂牌交易的市场主体在交易平台填报，内容主要包括需求电量、价格、电力曲线、对交易意向方的要求等信息。原则上由购方市场主体发起挂牌交易。

交易要约涉及省调调度管理发电企业的，提交北京电力交易中心前，由其省调或电网企业对要约中电量、电力曲线是否影响本省电网平衡、安全等情况进行评估，并在交易平台向填报要约的市场主体反馈评估结果。

（2）要约受理。北京电力交易中心对市场主体提交要约的完整性进行形式审核。反馈意见为受理的，要约内容确定；反馈意见为返回的，要约可修改后再次提交，受理时限重计。

（3）要约发布。北京电力交易中心将受理通过的要约向要约中确定的交易意向方发布，并告知申报时间。

要约发布后原则上不得修改。若确需修改，则填报要约的市场主体须在摘牌申报前向北京电力交易中心提出书面申请，并将有关情况告知交易意向方。交易摘牌申报开始后，不得申请修改。

参与交易的相关市场主体可查看、下载要约。

（4）交易申报。符合要约要求的交易意向方于规定时间内在交易平台查看要约和输电价格，进行分时段摘牌申报。

（5）交易预成交及发布。北京电力交易中心会同相关交易机构联合开展电量校核。相关电力调度机构将电网运行约束提供相应交易机构。相关交易机构结合省间省内已达成交易合同电力电量，以及有关政策要求等信息，对市场主体申报电量进行审核，对超容量申报数据进行调减，并通过交易平台及时披露对超容量申报电量的调减情况。

校核后的每时段电量，按交易申报时间每 15min 为同一申报区间，每一申报区间内按清洁能源优先、其他能源其次的顺序进行预出清，同一类别能源类型按市场主体摘牌电量等比例进行预出清。

预出清曲线为要约曲线，若按 24 时申报，则按线性插值法由 24 时电力扩展为 96 点电力；若预出清电量小于要约电量，预出清曲线则按照要约曲线形状等比例调减。预出清价格为要约价格。

北京电力交易中心在同一市场运营周期，汇总同一输电通道上的所有交易预出清结果，根据当时该输电通道的输电限额，按照交易优先级进行协同出清，形成交易预成交结果。若预成交电量小于预出清电量，预成交曲线则按照预出清曲线形状等比例调减。预成交价格为预出清价格。

北京电力交易中心通过交易平台向开展交易的市场主体发布预成交结果，主要内容主要包括预成交电量、曲线、价格。

（6）安全校核。北京电力交易中心将预成交结果汇总提交电力调度机构安全校核。

电力调度机构按有关技术规范进行安全校核，按通道将未通过安全校核的交易，通道能力、越限情况及受限原因等安全校核意见反馈北京电力交易中心。

北京电力交易中心根据交易优先级对涉及的交易进行调减，直至安全校核通过。涉及调减的交易，各市场主体出清电量及曲线按照预成交结果等比例调减。

（7）成交结果发布。成交价格与预成交价格一致，成交电量为安全校核通过的电量，成交曲线为安全校核通过的曲线。

北京电力交易中心通过交易平台将成交结果向开展交易的市场主体发布，主要内容包括成交电量、曲线、价格。

电力调度机构通过交易平台将安全校核情况和原因向开展交易的市场主体发布。

3. 集中竞价交易（含多通道集中竞价）

（1）交易申报。市场主体于规定时间内在交易平台查看输电价格、进行交易申报，分时段、分阶梯申报电量、价格。

（2）交易预成交及发布。北京电力交易中心会同相关交易机构联合开展电量校核。相关电力调度机构将电网运行约束提供相应交易机构。相关交易机构结合省间省内已达成交易合同电力电量，以及有关政策要求等信息，对市场主体申报电量进行审核，对超容量申报数据进行调减，并通过交易平台及时披露对超容量申报电量的调减情况。

交易平台进行交易预出清。每一时段按价格优先（相同价格清洁能源优先）的原则匹配，按边际电价法或报价撮合法形成各时段预出清电量、价格。

预出清曲线电力为分时段预出清电量除以该时段小时数，若按 24 时申报，则按线性插值法由 24 时电力扩展为 96 点电力。

北京电力交易中心在同一市场运营周期，汇总同一输电通道上的所有交易预出清结果，根据当时该输电通道的输电限额，按照交易优先级进行协同出清，形成交易预成交结果。若预成交电量小于预出清电量，则各市场主体预成交电量、价格按出清原则重新出清，曲线按照预出清曲线等比例调减。

北京电力交易中心通过交易平台向开展交易的市场主体发布预成交结果，主要内容包括预成交电量、曲线、价格。

（3）安全校核。北京电力交易中心将预成交结果汇总提交电力调度机构安全校核。

电力调度机构按有关技术规范进行安全校核，按通道将未通过安全校核的交易，通道能力、越限情况及受限原因等安全校核意见反馈北京电力交易中心。

北京电力交易中心根据交易优先级对涉及的交易进行调减，直至安全校核通过。涉及调减的交易，各市场主体出清电量、价格按出清原则重新出清，曲线按照预成交结果等比例调减。

（4）成交结果发布。成交价格为安全校核后重新出清的价格，成交电量为安全校核通过的电量，成交曲线为安全校核通过的曲线。

北京电力交易中心通过交易平台将成交结果向开展交易的市场主体发布，主要内容包括成交电量、曲线、价格。

电力调度机构通过交易平台将安全校核情况和原因向开展交易的市场主体发布。

4. 滚动撮合交易

（1）交易申报。市场主体于规定时间内在交易平台查看输电价格、进行交易申报，分时段申报电量、价格，交易平台即时撮合匹配。

（2）交易预成交及发布。交易申报时间内，分时段对市场主体填报的电量、价格滚动匹配预出清。

交易平台根据主要通道剩余能力进行交易预出清。预出清曲线电力为分时段预出清电量除以该时段小时数，若按 24h 申报，则按线性插值法由 24h 电力扩展为 96 点电力。

北京电力交易中心在同一市场运营周期，汇总同一输电通道上的所有交易预出清结果，根据当时该输电通道的输电限额，按照交易优先级进行协同出清，形成交易预成交结果。若预成交电量小于预出清电量，预成交曲线则按照预出清曲线形状等比例调减。预成交价格为预出清价格。

（3）安全校核。北京电力交易中心将预成交结果汇总提交电力调度机构安全校核。

电力调度机构按有关技术规范进行安全校核，按通道将未通过安全校核的交易，通道能力、越限情况及受限原因等安全校核意见反馈北京电力交易中心。

北京电力交易中心根据交易优先级对涉及的交易进行调减，直至安全校核通过。涉及调减的交易，各市场主体出清电量及曲线按照预成交结果等比例调减。

（4）成交结果发布。成交价格与预成交价格一致，成交电量为安全校核通过的电量，成交曲线为安全校核通过的曲线。

北京电力交易中心通过交易平台将成交结果向开展交易的市场主体发布，主要内容包括成交电量、曲线、价格。

电力调度机构通过交易平台将安全校核情况和原因向开展交易的市场主体发布。

八、合同调整

1. 合同变更

合同变更采用双边协商方式。拟进行合同变更的市场主体在交易平台发起合同变更，填报变更后的要约，对方市场主体进行确认。

仅涉及价格变更的，不需电力调度机构安全校核（达成价格变更后合同生效）。变更交易电量、电力时，仅可进行调减。

采用灵活浮动价格机制的交易（原交易开展时应填报初始价格），每月第 3 个工作日前，填报要约的市场主体应在交易平台填报上月浮动后的变更价格，若未填报，则按初始价格出具结算依据。

2. 合同转让

合同转让采用双边协商方式。拟出让交易合同的市场主体与受让方市场主体协商一致后，在交易平台填报转让要约，受让方市场主体对转让要约进行确认。

售方的交易合同转让原则上应保持购方落地省的落地价格不变，购方的交易合同转让原则上应保持售方的上网价格不变。

九、交易价格

1. 总体原则

跨区跨省交易购方落地价格由交易上网价格、各环节输电价格、输电损耗等构成。跨区跨省交易价格为电量电价，含税，包括脱硫、脱硝、除尘和超低排放电价。

跨区跨省输电通道的输电价格、输电损耗按照政府主管部门核定价格执行。输电费用收取按照国家有关规定执行。

发电机组和独立新型储能调试期间上网电量，按照政府调试电价政策执行。

跨区跨省交易有关可再生能源电价附加补助资金，按照国家有关规定执行。

2. 价格形成

跨区跨省输电通道配套燃煤机组容量电价，按照国家有关规定执行。

参与跨区跨省交易的两部制电价市场主体，基本电价按现行标准执行。

除计划电量执行政府确定的价格外，跨区跨省交易成交价格由市场主体通过市场化方式形成，第三方不得干预。

集中竞价交易中，可对报价或者出清价格设置上、下限。限价原则上由市场管理委员会提出，经国家发展改革委、国家能源局审定后执行。

第三节　宁夏电力中长期交易

一、宁夏交易特点

1. 交易品种多样

目前，宁夏发电企业参与的电力市场交易品种有发电权交易、区内电力直接交易、新能源替代自备火电机组交易、跨区跨省交易。

（1）发电权交易。为了贯彻国家节能减排政策，鼓励小火电机组提前关停，宁夏自治区政府制定了《宁夏"十一五"关停小火电机组实施方案》，明确"十一五"期间提前关停的小火电机组在 3 年内可享受发电量指标，并通过发电权交易转让给高效环保机组获得一定经济补偿。宁夏电力公司按照电力监管机构发电权交易有关要求，利用市场化方式，组织网内符合条件的发电企业依法合规开展关停机组发电权交易。并在此基础上，将发电权交易延伸到在役机组间，利用市场化方式，由高效环保机组替代高能耗、高排放的在役机组发电，实现更大范围的节能减排。

（2）区内电力直接交易。自 2013 年底至今，宁夏电力直接交易在试点基础上，交易规模不断扩大，参与的市场成员持续增多，技术支持平台不断完善，双边协商交易、集中竞价交易、挂牌交易的模式均有应用，政府主管部门、监管机构、电力市场运营机构都积累了经验，同时培育了市场主体的市场意识，为尽快全面放开发用电计划打下了基础。

（3）新能源替代自备火电机组交易。近年来，国家对火电机组节能减排的要求越来越高，越来越严，拥有小火电自备机组的企业在当前市场不景气、经营困难的情况下，面临着追加环保投入的资金压力。另外，受电网调峰能力限制，宁夏新能源弃风弃光现象已呈现常态。从促进新能源消纳、降低能源消耗、减少排放等方面考虑，自治区政府对新能源替代小火电自备机组有着积极意向。因此在 2016 年，宁夏以直接交易模式组织开展了新能源替代自备机组发电。即以市场化方式，组织新能源企业与拥有自备机组的用电企业开展电力直接交易，交易电量为自备机组停运腾出的发电空间。由于参与交易的新能源企业能够较其他新能源企业多发电，从而减少弃风弃光率，故成交电价较自备机组发电成本低，易为有自备机组的企业所接受。

（4）跨区跨省交易。宁夏发电企业多年来一直积极参与北京电力交易中心交易平台和西北交易平台组织的跨区跨省交易，是西北电网与华中、华东电网开展跨区交易的先期参与者，为西北电网开拓华中、华东电力市场做出贡献。银东直流、灵绍直流的投运，使宁夏跨区跨省交易对象增多，外送电实现了跨越式增长。

目前，宁夏跨区跨省交易对象涵盖华东、华中区域电网以及山东、上海、江西、浙江、四川、重庆、青海等省级电网，与山东电力用户开展了直接交易。

2. 电力直接交易规模

宁夏工业以传统高耗能行业为主，电解铝、铁合金、电石等大工业用户用电量占比超过 80%，而第一、三产业和居民生活用电量较少。按照《关于有序放开用电计划的实施意见》，宁夏优先购电量比例低，可参与市场的用电量比例高；另外，宁夏电网新能源发电、供热机组装机占比高，国家放开发用电实施意见中所谓的可再生能源发电、"以热定电"等优先发电电量占比高，可参与市场的发电量相对占比较低。因此，宁夏电网由可放开的发电量确定电力直接交易规模。

二、交易规则

1. 交易原则

为推动宁夏新型电力系统建设，确保电力安全稳定供应，促进我区能源低碳转型，按照国家发展改革委、国家能源局《关于印发〈电力中长期交易基本规则〉的通知》（发改能源规〔2020〕889号）、《关于进一步深化燃煤发电上网电价市场化改革的通知》（发改价格规〔2021〕1439号）、《国家发改委办公厅关于组织开展电网企业代理购电有关事项的通知》（发改办价格〔2021〕809号）、国家发展改革委、国家能源局关于印发《售电公司管理办法》的通知（发改体改规〔2021〕1595号）、《宁夏回族自治区电力中长期交易规则》（西北能监市场〔2023〕4号）、《自治区发展改革委关于进一步加强燃煤发电机组运行管理的通知》等文件要求，持续深化推进宁夏电力市场改革，开展中长期分时段连续运营，做好与现货市场试运行衔接，充分发挥市场资源优化配置作用，促进电力安全稳定供应。

2. 交易规模

除优先发电、优先用电计划以外电量全部进入市场，预计 2024 年区内市场化交易规模约 925 亿 kWh。

拥有入市燃煤自备机组的用户，从电网购电量原则上不得超过前三年从电网购电量的平均值，电力供需紧张时段应严格执行"以发定用"相关要求。

3. 时段划分

（1）为高效衔接现货市场，中长期交易按日划分 24h 时段，各市场主体根据自身发电特性和用电需求合理参与分时段交易。

（2）为引导市场主体形成合理分时段交易价格，根据《自治区发展改革委关于进一步完善峰谷分时电价机制的通知》（宁发改价格（管理）〔2021〕602号），结合宁夏电网电力时段性供需情况，将24h时段划分为峰（含尖峰）、平、谷（含深谷）三类时段，具体为：

峰时段：7:00～9:00，17:00～23:00;

谷时段：9:00～17:00;

平时段：0:00～7:00，23:00～0:00。

（3）根据区内电力供需情况，适时调整峰、平、谷时段划分。

三、交易组织

用户/发电企业年度交易成交电量原则上不低于上年用电量/上网电量的60%，年度分月和月度交易成交总电量不低于上年用电量/上网电量的80%。现货市场长周期试运行期间，按照现货市场交易规则相关要求执行。

1. 年度交易

（1）年度交易标的为2024年每月24h时段电量。

1）用户与新能源交易：用户（含售电企业、电网企业代理购电）与新能源开展集中竞价交易，采用统一边际价格出清。

根据《国家发展改革委办公厅 国家能源局综合司关于2023年可再生能源电力消纳责任权重及有关事项的通知》（发改办能源〔2023〕569号）下达的2024年宁夏非水可再生能源电力消纳责任权重预期目标值测算，新能源暂按照不低于上年上网电量的40%（新并网场站参考同地区、同类型场站上网电量）参与年度交易。年中新并网新能源机组可通过多月、月度和旬交易完成40%电量比例要求。

2）用户与煤电交易：用户与煤电主要以双边协商、集中竞价方式开展交易，适时组织开展挂牌交易。

为保证区内电力安全稳定供应，煤电年度交易各时段交易电量不低于该时段可发容量对应上网电量的20%。

（2）每季度末按照年度交易组织方式开展后续月份多月交易，满足新入市市场主体交易需求。

2. 月度交易

每月20日组织开展次月月度交易，月度交易标的为次月24h时段电量。月度交易按照用户与新能源、用户与煤电次序组织，均采用集中竞价交易方式，以统一边际价格出清。

3. 旬交易

旬交易标的为次旬24h时段电量。旬交易按照用户与新能源、用户与煤电次序组织，均采用集中竞价交易方式，以统一边际价格出清。

4. 日融合交易

（1）日融合交易按工作日连续开市，每日（D日）组织开展D+2日融合交易，遇节假日组织开展多日交易，具体以交易公告为准。

（2）日融合交易采用滚动撮合方式开展，每 5min 集中出清一次。

（3）同一市场主体可根据自身电力生产或消费需求参与日融合交易，同一交易日的同一时段，市场主体仅可作为购方或售方参与交易。

（4）发电企业在单笔电力交易中的售电量不得超过其剩余最大发电能力，购电量不得超过其售出电能量的净值（指多次售出、购入相互抵消后的净售电量）。

（5）为确保日融合交易价格充分反映市场供需实际，每小时时段发电企业买入或用户卖出电量不得超过该时段持有合同净值的 20%。

5. 合同交易

适时组织开展合同转让、置换、回购等交易，丰富合同交易组织方式，满足市场主体合同电量调整需求。

6. 绿电交易

（1）参与绿电交易的新能源必须进入绿证核发白名单，具备绿证核发资格。

（2）用户与新能源开展绿电交易应分别明确电能量价格和环境价格，电能量价格按照新能源与用户分时段交易价格机制确定，环境价格由双方协商确定。

（3）绿电交易暂按照年度、月度为周期组织开展，适时组织开展月内绿电交易，鼓励市场主体开展多年绿电交易。新能源和用户通过宁夏电力交易平台提交绿电交易意向和绿电交易协议，宁夏电力交易中心汇总协议后提交北京电力交易中心，并配合开展交易组织，交易暂采用双边协商方式，适时组织开展集中竞价、挂牌交易。

（4）在完成可再生能源消纳责任权重指标的前提下，用户超额消纳的绿电交易电量、购买绿证折算电量不计入其能耗双控指标。

（5）用户可通过新能源电力直接交易、绿电、绿证交易实现 100% 绿色用能。鼓励核定的"绿电园区"新增负荷和配建新能源场站优先开展绿电交易。

7. 交易曲线分解

（1）年度、多月、月度、旬交易市场主体申报 24h 时段总电量、价格，成交电量由交易平台按照交易周期对应天数自动平均分解到日。

（2）电网企业应综合考虑季节变更、节假日等因素，定期预测代理购电典型负荷曲线，并通过交易平台予以公布。

（3）风电、光伏优先发电计划电量分别按照上年全网风电、光伏典型曲线分解至每日 24h 时段。

（4）省间中长期外送交易时段与宁夏 24h 时段划分不一致的，将省间中长期外送交易结果分解合并至 24h 时段，各时段交易价格执行原时段交易均价。考虑光伏发电特性，优先分解光伏中标电量至谷段，其他类型电源按剩余外送曲线等比例分摊。

（5）省间短期外送交易电量需分解至每日 24h 时段，由调度机构在事后按月向发电企业发布。

四、价格机制

1. 用户与煤电交易价格

煤电与非高耗能、高耗能用户平段交易申报价格加上煤电容量电价原则上在基准电价基础上上下浮动均不超过 20%，峰段交易申报价格不低于平段价格的 150%，谷段交易申报价格不超过平段价格的 50%。

2. 用户与新能源交易价格

为促进光伏产业健康发展，综合考虑光伏投资成本回收，并进一步拉大峰谷价差，新能源价格浮动比例提升至 30%，即用户与新能源平段交易申报价格不超过基准电价，峰段交易申报价格不低于平段价格的 130%，谷段交易申报价格不超过平段价格的 70%。新能源峰段价格上浮比例不高于谷段价格下浮比例。考虑高耗能用户与非高耗能用户不同交易价格上限，用户与新能源峰段交易申报价格不超过基准电价的 1.5 倍。单笔交易中风电峰、平、谷三段申报电量均不低于总申报电量的 20%。

3. 日融合交易价格

日融合交易成交价格为各交易匹配对申报价格的平均值。

4. 电网企业代理购电

电网企业代理购电采用报量不报价方式，作为价格接受者参与市场出清。电网企业按月预测代理购电典型曲线及月度代理购电电量，并依此参与交易申报。电网企业代理购电与新能源交易电量申报比例按 2023 年区内市场化用户（含售电企业）新能源电力直接交易比例确定。电网企业代理购电用户实际用电执行峰平谷电价，对应电价取电网企业代理购电当期月度峰、平、谷各时段交易加权价，峰、平、谷时段执行本细则的时段划分。

第四节　绿色电力交易

一、绿色电力交易方式及品种

1. 绿色电力交易品种

绿色电力交易主要包括省内绿色电力交易和省间绿色电力交易，其中：

省内绿色电力交易是指由电力用户或售电企业通过电力直接交易的方式向本省发电企业购买绿色电力产品。

省间绿色电力交易是指电力用户或售电企业等通过电力交易平台聚合的方式向省外发电企业购买符合条件的绿色电力产品。省级电网企业会同电力交易机构汇总并确认省内绿色电力交易需求，提交至北京电力交易中心。北京电力交易中心统一开展省间绿色电力交易。

2. 绿色电力交易方式

绿色电力交易方式主要包括双边协商交易和集中交易（含集中竞价交易、挂牌交易）。其中：

（1）双边协商交易。参与交易的市场主体自主协商确定交易电量（电力）、价格、绿色电力环境价值偏差补偿方式等，通过电力交易平台申报、确认，按规则出清形成交易结果。

（2）集中竞价交易。参与交易的市场主体均通过电力交易平台申报交易电量（电力）、价格等信息，按照报价撮合法出清形成交易结果。

（3）挂牌交易。参与交易的市场主体一方通过电力交易平台申报交易电量（电力）、价格等挂牌信息，另一方摘牌，按规则出清形成交易结果。

可根据市场需要进一步拓展交易方式，国家能源局鼓励发用双方签订多年期绿色电力购买协议。常态化开展中长期分时段交易的地区应按照相关规则，开展分时段或带电力曲线的绿色电力交易。具体如下：

（1）绿色电力分时段交易。宁夏目前已常态化开展中长期分时段交易，同时开展分时段或带电力曲线的绿色电力交易。省间绿色电力交易的时段划分要求与其他省间中长期电能交易的时段划分要求保持一致。可以双挂双摘方式组织月内绿色电力交易。发电企业和电力用户（含售电企业）均可作为买卖方参与交易。挂牌标的为分时段的标准化能量块，能量块信息包括绿色电力交易电量、电能量价格、绿色电力环境价值和绿色电力环境价值偏差补偿价格等。

（2）绿色电力合同转让交易。绿色电力交易在合同各方协商一致并确保绿色电力产品追踪溯源的前提下，可按月或更短周期开展绿色电力交易合同转让交易，市场主体转让绿色电力交易合同电量时一同转让绿色电力环境价值。绿色电力交易合同转让交易初期以双边协商方式组织，按照先发电侧、后用电侧的顺序开展。双边协商交易申报时，需要关联原合同，并经原合同相对方同意。合同转让交易完成后，形成绿色电力交易转让合同。依据转让合同，对原绿色电力交易合同进行拆分，形成市场主体新的履约关系。初期，绿色电力交易合同的购方、售方仅可分别转让一次。

（3）售电企业等聚合商绿色电力交易。

1）售电企业的所有绿色电力交易合同均应进行零售用户关联分解。售电企业应在规定时间内，将批发市场绿色电力交易合同关联至与其签订绿色电力零售企业的零售用户。单个批发合同可与部分零售用户关联，也可与全部零售用户关联。

2）分布式发电聚合商参与批发交易前，首先通过电力交易平台与分布式发电主体建立服务关系，签订分布式电源售电合同。分布式发电主体在同一合同周期内仅可与一家聚合商确定服务关系。分布式发电主体与聚合商以月为最小周期签订分布式电源售电合同。合同应明确主体名称、关联户号、合同期限、费用结算、偏差处理方式、违约责任等内容。分布式发电聚合商在批发市场，以发电企业身份与电力用户、售电企业开展绿色电力交易，进行批发侧结算和不平衡资金分摊。分布式发电聚合商的所有绿色电力交易合同均应进行分布式发电主体关联分解，具体要求参照售电企业和零售用户的关联分解要求执行。

二、绿色电力交易组织

1. 总体原则

省内市场中，多年期绿色电力交易以双边协商方式开展。年度和月度（多月）绿色电力交易可通过双边协商交易、集中交易等方式开展。月内（多日）绿色电力交易主要以集中交易方式开展。

省间市场中，多年期绿色电力交易以双边协商方式开展。年度、月度（多月）、月内（多日）绿色电力交易原则上以交易平台聚合方式通过集中交易开展。月度周期可视情况开展绿色电力交易合同分月电量调整、月度合同转让交易等。

年度或多月绿色电力交易合同的执行周期内，购售双方可协商一致通过电力交易平台调整后续各月的合同分月电量，调整前后合同总量保持不变。开展分时段绿色电力交易的，调整前后合同各时段总量保持不变。年度或多月合同调整后的电量需通过电力调度机构安全校核。

多年期绿电中长期合同，应由购售双方协商一致，通过电力交易平台申报，确认年度交易电量，并细分到年内各月，按照市场规则出清形成交易结果。多年期绿电中长期合同年度执行周期内，购售双方协商一致，可通过电力交易平台调整后续各月的合同分月电量（总量不变）；还可选择对后续各月的合同分月电量进行调增（或调减），年累计调增（或调减）电量不得超过本年度合同总量的20%，后续可适时调整。多年期绿电中长期交易调整后的电量需通过电力调度机构安全校核。多年期绿电中长期合同暂不开展转让交易。

2. 交易公告

对于年度（多年）、多月等较长周期的绿色电力交易，会至少提前5个工作日发布交易公告；对于月度、月内（多日）等较短周期的绿色电力交易，会至少提前1个工作日发布交易公告。交易公告包括以下内容：

（1）交易标的（含电力、电量和交易周期）、申报起止时间；

（2）交易出清方式；

（3）电能量、绿色电力环境价值价格形成机制；

（4）其他需明确事项。

绿色电力交易开展前，电力交易机构会根据电力调度机构提供的安全约束条件、机组发电能力等开展绿色电力交易。

3. 交易流程

（1）双边协商交易流程。

1）交易组织。电力交易机构在电力交易平台发布交易公告，市场主体自主协商一致，在规定时间内申报（或确认）绿色电力交易电量（电力）、价格、绿色电力环境价值偏差补偿方式等信息。电力交易机构通过电力交易平台进行交易出清。

2）结果发布。交易出清并经调度机构安全校核后，由电力交易机构发布交易结果。

（2）省间集中竞价交易流程。

1）需求汇总。市场主体通过电力交易平台提交绿色电力集中竞价交易需求，包括意向电量（电力）、电价等。购、售方所在省电网企业会同宁夏电力交易中心收集汇总省间绿色电力交易需求信息，进行确认后，提交至北京电力交易中心电力交易平台。

2）交易组织。北京电力交易中心根据相关省电力交易平台汇总提交的交易需求信息，结合省间通道输送能力、送端省送出能力及受端省购买需求等，发布省间绿色电力交易公告，开展省间绿色电力集中竞价交易。参与交易的主体按照交易安排自主进行交易申报，购电省份市场主体的申报信息将通过电力交易平台进行聚合，按照省间细则集中竞价排序规则形成购电省份电网企业申报信息，并统一参与省间集中竞价交易。北京电力交易中心汇总交易申报数据，依据省间细则会同相关交易机构联合开展电量校核，通过电力交易平台进行交易出清。

3）结果发布。交易出清并经调度机构安全校核后发布交易结果，并推送至购售双方属地宁夏电力交易中心。

（3）省内集中竞价交易流程。

1）交易组织。宁夏电力交易中心在电力交易平台发布交易公告，市场主体按时间规定申报绿色电力集中竞价交易电量（电力）、电价等信息。宁夏电力交易中心通过电力交易平台进行交易出清。

2）结果发布。交易出清并经调度机构安全校核后，由宁夏电力交易中心发布交易结果。

（4）省间挂牌交易流程。

1）需求汇总。市场主体通过所在省电力交易平台提交绿色电力挂牌交易需求，包括挂牌电量（电力）、挂牌电价等。购、售方所在省电网企业会同宁夏电力交易中心收集汇总省间绿色电力交易需求信息，进行确认后，提交至北京电力交易中心电力交易平台。

2）交易组织。北京电力交易中心根据相关省电力交易平台汇总提交的交易需求信息，结合省间通道输送能力、送端省送出能力及受端省购买需求等，发布省间绿色电力交易公告，开展省间绿色电力挂牌交易。参与交易的主体按照交易安排自主进行交易申报，购电省份市场主体的申报信息将通过电力交易平台进行聚合，形成购电省份电网企业申报信息，并统一参与省间挂牌交易。北京电力交易中心汇总交易申报数据，依据省间细则会同相关交易机构联合开展电量校核，通过电力交易平台进行交易出清。

3）结果发布。交易出清并经调度机构安全校核后发布交易结果，并推送至购售双方属地宁夏电力交易中心。

（5）省内挂牌交易流程。

1）交易组织。宁夏电力交易中心在电力交易平台发布交易公告，市场主体按时间规定申报挂牌电量（电力）、电价等信息，或者进行摘牌确认。宁夏电力交易中心通过电力交易平台进行交易出清。

2）结果发布。交易出清并经调度机构安全校核后，由宁夏电力交易中心发布交易结果。

三、绿色电力交易价格机制

1. 交易价格形成

绿色电力交易价格由市场主体通过双边协商交易、集中交易等市场化方式形成。参与绿色电力交易的电力用户，其用电价格由电能量价格、绿色电力环境价值、上网环节线损费用、输配电价、系统运行费用、政府性基金及附加等构成。上网环节线损费用按照电能量价格依据有关政策规则执行，输配电价、系统运行费用、政府性基金及附加按照国家及地方有关规定执行。

市场主体应分别明确电能量价格与绿色电力环境价值。其中：

（1）双边协商交易方式下，购售双方自行协商确定绿色电力交易整体价格，并分别明确其中的电能量价格与绿色电力环境价值。

（2）集中竞价交易方式下，市场主体绿色电力交易电能量价格，按照报价撮合法出清，以购售双方报价形成每个交易对的电能量价格；绿色电力环境价值统一取交易组织前北京电力交易中心绿证市场成交均价，其中，年度交易取交易组织当年1～10月绿证市场成交均价，月度（月内）交易取交易组织前上月绿证市场成交均价，绿色电力环境价值取值提前在交易公告中公布。绿色电力交易电能量价格与绿色电力环境价值共同形成绿色电力交易整体价格。

（3）挂牌交易方式下，挂牌方市场主体申报绿色电力电能量价格，摘牌方自主摘牌。以挂牌方挂牌价格作为每个交易对的电能量价格；绿色电力环境价值统一取交易组织前北京电力交易中心绿证市场成交均价，其中，年度交易取交易组织当年1～10月绿证市场成交均价，月度（月内）交易取交易组织前上月绿证市场成交均价，绿色电力环境价值取值提前在交易公告中公布。绿色电力交易电能量价格与绿色电力环境价值共同形成绿色电力交易整体价格。

2. 转让交易价格

转让交易中，出让方与受让方市场主体可自行协商确定转让绿色电力合同电量的电能量价格，但绿色电力环境价值、绿色电力环境价值偏差补偿条款需与原合同保持一致。

3. 交易限价

为充分体现绿色电力的环境价值，保障市场平稳有序运行，可参考绿色电力产品供需等情况合理设置交易申报价格及绿色电力环境价值上、下限。除国家有明确规定的情况外，以双边协商方式组织的绿色电力交易中，不对价格进行限价。以集中交易方式组织的绿色电力交易中，电能量价格申报限价原则上与中长期电能量市场相关限价要求一致，具体按照国家和各地有关规定执行。

原则上，绿色电力环境价值不纳入峰谷分时电价机制以及功率因数调整电费等计算，具体按照国家及地方有关政策规定执行。

4. 零售套餐价格

绿色电力零售套餐中应分别明确电能量价格和绿色电力环境价值。零售用户按照零售合同约定的电能量价格、绿色电力环境价值及偏差补偿条款等支付相应的费用。

5. 环境价值偏差补偿价格

绿色电力环境价值偏差补偿价格原则上按照以下方式确定：

（1）对于双边协商方式达成的绿色电力交易合同，绿色电力环境价值偏差补偿价格由合同双方自行约定，分别明确购方偏差的补偿价格和售方偏差的补偿价格。

（2）对于集中交易方式形成的绿色电力交易合同，绿色电力环境价值偏差补偿价格按合同明确的绿色电力环境价值的一定比例确定。市场初期，对购售双方按同一比例设置，暂定为25%，后续可适时调整；各地也可结合省内市场情况另行明确。

绿色电力零售套餐中绿色电力环境价值偏差补偿方式、价格等，结合各地电力零售市场规则及市场主体零售合同约定执行。

四、安全校核

绿色电力交易结果需经相关电力调度机构安全校核，由电力交易机构发布交易结果。

绿色电力交易在合同各方协商一致后，进行合同分月电量调整、合同分月电量调增（或调减）、合同转让交易等的，需要再次通过电力调度机构安全校核。

五、交易合同

1. 交易合同形成

绿色电力交易合同应明确交易电量（电力）、价格（包括电能量价格、绿色电力环境价值）及绿色电力环境价值偏差补偿等内容。售电企业与零售用户绿色电力零售合同也应明确上述内容。

在电力交易平台提交、确认的双边协商以及参与集中交易产生的结果，可将电力交易机构出具的电子交易确认单（视同电子合同）作为执行依据。

2. 交易合同执行

省间绿色电力交易结算前，北京电力交易中心会同宁夏电力交易中心，根据交易结果形成合同对应关系。

同一交易周期内参与绿色电力交易的发电企业对应合同电量，在保障电网安全稳定运行的前提下，由相应电力调度机构按照交易优先级予以安排。

3. 交易合同调整

购售双方在协商一致的前提下，可针对绿色电力交易合同未执行部分进行合同价格调整，合同电量保持不变。合同价格调整通过电力交易平台开展，市场主体应按要求提交相关协议附件。

第七章　电力现货市场

第一节　电力现货市场概述

电力现货市场是一个相对于电力中长期市场的概念，泛指通过现货交易平台在日前及更短时间内集中开展的次日、日内至实时调度之前电力交易活动的总称，可以理解为为安排次日（或未来 24h）发用电计划、为实现日内发用电计划滚动调整以及为保证电力供需实时平衡而组织的电力交易市场的总和。

电力现货市场的出现，是为了解决传统交易方式中的不足之处。由于电力商品具有无仓储性，电能的生产、交割和消费几乎是同时完成的，其交割速度远快于一般商品。考虑电力生产、输送和消费具有的随机性和波动性，供需双方不可能毫厘不差地履行中长期合同规定的电能数量，电网运行不可能总是满足中长期合同所需要的输送要求。相比于以多日、月、季度、年等为交易周期的中长期交易市场，现货市场的交易周期会尽可能地短，让电力回归真实的商品属性，以更真实地反映电力商品在时间和空间上的供需关系。随着我国电力市场改革的不断深化和新型电力系统的建设，电力中长期市场已经不能满足市场发展的需要，推进"中长期市场规避风险，现货市场发现价格"的电力市场体系的需求日益迫切。

电力现货市场的发展可以追溯到 20 世纪 80 年代。"电力现货市场"初期是来自美国的"power spot market"概念，其理论基础是麻省理工史威士教授等人提出的"实时电价（spot pricing）"理论。目前，欧洲、美国 PJM 均已形成以现货市场为主的电力市场体系。电力现货市场是一个非常复杂的市场，其复杂性源于对传统发电调度计划制定方式、定价机制的颠覆，导致电网企业定位及盈利模式、发电主体生产决策方式、用电主体消费行为安排发生了变化。电力现货市场是现代电力市场不可或缺的重要组成部分，是电力市场的进程是否成熟的重要标志。从改革层面来看，电力现货市场可构建有效竞争的电力现货市场体系，形成主要由市场决定能源价格的机制，转变政府对能源的监管方式，推动能源体制改革。从经济层面来看，电力现货市场可还原电能的商品属性，发现电能的真正价格，从而促进竞争性电力市场的发展。从系统层面来看，电力现货市场建设对电力市场的开放、竞争、有序运行起到了基础性的支撑作用，是协调市场交易与系统安全的关键。

关于国内现货市场发展方面，2015 年，中共中央、国务院《关于进一步深化电力体制改革的若干意见》的发布，开启了电力市场化改革的浪潮。2017 年，国家发改委、国家能源局发布《关于开展电力现货市场建设试点工作的通知》，选择南方（以广东起步）、蒙西、浙江、山西、山东、福建、四川、甘肃 8 个地区作为第一批试点，现货市场建设正式启动。2021 年，国家发改委、国家能源局发布《关于进一步做好电力现货市场建设试点工作的通知》，进一步将上海、江苏、安徽、辽宁、河南、湖北 6 个地区作为第二批电力现货市场建设试点。2023 年，国家发改委、国家能源局发布《关于进一步加快电力现货市场建设工作的通知》，要求在第一批、第二批试点的基础上，非试点省份全面开展电力现货市场建设，同时对现货市场建设提出明确的时间要求。宁夏电力现货市场就是在此背景下，顺应国家政策要求和电力市场化改革浪潮，落实新发展理念，促进能源高质量发展，构建符合宁夏电力系统特色的电力现货市场。

一、电力现货市场基础

1. 现货市场组成

现货市场是按照交易时间分类，所以其组成并非严格统一。常见的第一种是分为日前市场和实时市场；第二种分为日前市场、日内市场和实时平衡市场（如北欧电力市场）；第三种是只将日前市场称为现货市场（如欧洲）。在电力现货市场中交易的是电能量，但电力现货市场购、售电报价的标的是各时段的电力（即发电机组出力、电力用户的负荷功率）。各时段的中标电力乘以时长就是该时段结算的电能量数值。

目前，根据《关于深化电力现货市场建设试点工作的意见》（发改办能源规〔2019〕828 号）的规定，我国电力现货市场主要可开展日前、日内、实时的电能量交易，通过竞争形成分时市场出清价格，并配套开展备用、调频等辅助服务交易。试点地区结合所选择的电力市场模式，可同步或分步建立日前市场、日内市场、实时市场/实时平衡市场。

（1）日前市场。日前市场（day-ahead market，DAM）是指在电能量交割前一天针对次日 96 个时段的电力交易，由市场供需双方在每天特定时间之前向市场运营机构报价，由市场运营机构根据供需双方报价和网络条件等计算次日 96 个时段日前市场的现货交易量和价格。

日前市场的交易结果的运用存在两种方式，一种是同时用于交割与结算，接续的实时市场以其作为实时运行的前提条件，属于实物性的日前市场；另一种是只用于财务结算，与实时市场可以相对独立，属于金融性的日前市场。

日前市场每天出清一次，具有如下特点：

1）需供需双方根据各自成本和预期进行报价，报价内容包括发电机组参数（如地理位置和发电容量），不同容量所对应的供给价格及需求方/负荷的地理位置和需求价格。

2）基于所有报价信息，在安全校核的基础上决定最优化的机组启停计划。

3）有的市场会规定最高限价，卖方报价不得超过规定价格，如 PJM。有的市场会进行一个以机组成本参考价为基准的行为和价格影响测试，对违反测试的机组视为利用市场力，会强制使用成本参考价代替原机组报价参加下一阶段的优化出清。

4）日前市场可以利用次日负荷预测检查之前的机组开停计划能否提供足够的容量，满足预测负荷的要求。如不能满足，则以经济原则选择额外的机组上线。

5）以最终的机组启停计划和修正后的机组报价，决定最终的物理机组和负荷的出清量和相应的日前价格。

6）市场有采用节点边际电价作为市场价格的，也有采用区域边际电价或者系统边际电价的。电力现货市场运营机构根据市场供需双方成员的报价做电能平衡计算，然后考虑系统安全约束条件，形成考虑安全约束的日前市场调度模型，通过执行安全约束经济调度（SCED）模型计算系统次日每个时段的调度计划和电价。

（2）日内市场。日内交易是指在日前市场闭市后至实时平衡市场开启前的某（些）时段的电力交易，通常每个交易时段为15min。一般来讲，日内市场主要解决快速启停机组的开机决策问题，日内交易电量较少，但对交易操作的时效性要求较高，对参与者和运营者都有一定的技术要求。

（3）实时市场。实时市场（real-time electricity market）指相对交割时点前一段时间（15min或更短）的电能交易市场。根据超短期负荷预测进行发电调度，对各种备用和必开机组预先进行资源分配和实时阻塞管理。一般实时市场每5min或15min出清一次，以电网实时运行状态下的最优经济调度来实现电力供需平衡。实时市场有两类：一类是市场竞争交易与系统平衡调度兼顾，发电上网电量都必须在实时市场报价和中标；另一类是系统平衡调度为主。一般将前者称为"实时市场"，而后者为实时平衡服务市场。这两类实时市场都具有保障系统的实时电力平衡的功能。实时市场与实时平衡服务市场的运行机制存在较大差异。在实时市场中，系统运行机构根据机组在日前市场提供的报价曲线或实时修改的报价曲线和超短期负荷预测，基于安全约束经济调度模型，实时计算各机组下一个时间段的中标电力及市场出清价格。在实时平衡市场中，市场交易主体需要在实际运行前的规定时间内提交下一时段的上调和下调（机组出力或者负荷用电）电力报价，调度机构根据超短期负荷预测和系统运行状况，基于调整成本最小原则确定机组中标的上调电力或下调电力，保障系统的实时平衡。

2. 现货市场特征及功能

电力现货市场的重要特征是价格具有随时间波动性。这源于电力系统运行具有的特性：一是由于电能的无仓储性，电力系统需要保持实时发用电平衡，致使市场均衡点随时波动；二是由于用电负荷在一天内存在显著的峰谷波动性，大幅的峰谷差，导致现货市场大幅的价格差，在可再生能源占比大的市场，现货市场价格的波动幅度将更大。这一特征致使通过市场发现价格成为可能，因此，在以现货市场电价为基础的电力市场中，电价可作为一个强行力的信号，用以调节和优化电力系统运行的可靠性和经济性。但这种波动性同时也带来了价格风险规避的问题，由此也派生出一系列关联的细分市场。

电力现货市场之所以在电力市场体系中发挥核心作用，集中表现在它具有以下功能：

（1）发现价格、激励响应。可真实反映电力商品在时间和空间上的供需关系，引导发用电资源响应市场价格波动，提升电网调峰能力，缓解阻塞。

（2）促进竞争、优化配置。以集中出清的手段促进了电量交易的充分竞争，实现了电力资源的高效、优化配置。

（3）落实交易、调节偏差。落实中长期合同交割与结算，以现货市场为核心的电力电量平衡机制调节发用电偏差，同时为中长期交易提供价格风向标。

（4）保障运行、管理阻塞。形成与电力系统物理运行相适应，体现市场成员意愿的交易计划，为阻塞管理和辅助服务提供调节手段和经济信号。

（5）引导规划、量化决策。分区、节点电价能够有效引导电源、电网的合理规划，为建设投资提供量化决策依据。

但电力现货市场也有其局限性，需要相关细分市场同步建设，构筑完备的电力市场体系，共同形成市场优化配置能源电力资源的合力。

二、电力现货市场交易流程

电力市场下，电力现货市场通常与调频、备用等辅助服务市场联合开展，市场主体同时参与电力现货市场和辅助服务市场申报，并由电网调度机构对电力现货市场和辅助服务市场开展顺序出清或联合优化出清。一般而言，电力市场下电力现货市场的典型交易流程按时序可以分为 15 个典型环节。

（1）市场注册。符合电力现货市场准入要求的市场主体按照市场注册管理制度，在规定时间节点前向注册机构（我国规定为电力交易机构）提出注册申请并完成注册。

（2）市场准备。竞价日，电网调度机构根据电力现货市场运营需要进行必要的市场运营组织准备。

（3）发布市场交易公告。竞价日，完成市场准备环节后，电力交易机构按照电力现货市场信息披露的相关规定，通过电力交易平台发布电力现货市场日前市场事前信息。

（4）日前市场申报。竞价日，电力交易机构发布市场交易公告后，市场主体根据电力现货市场规则，在规定时间内，于电力交易平台提交电力现货市场日前市场申报信息（申报内容根据各省规则），迟报或漏报者根据市场运营规则相应处理。

（5）日前市场出清。竞价日，市场主体完成日前市场申报后，电网调度机构基于市场成员申报信息以及运行日的电网运行边界条件，采用安全约束机组组合（SCUC）、安全约束经济调度（SCED）程序进行优化计算，得到电力现货市场日前电能量市场交易出清结果。

（6）安全校核。竞价日，电网调度机构完成日前市场出清后，电网调度机构对电力现货市场日前市场出清结果进行安全校核，包括但不限于电力平衡校核、安全稳定校核等。若未通过安全校核，电网调度机构可根据市场规则采取调整运行边界、调整机组组合、组织有序用电以及其他有效手段，重新按照环节的优化计算程序，得到满足安全约束的交易出清结果。

（7）发布日前市场出清结果。竞价日，电网调度机构完成安全校核后，出具运行日的电力现货市场日前市场交易出清结果，按照有关规定通过电力交易平台予以发布。电网调度机构以经过安全校核的日前市场出清结果为依据，编制运行日发电调度计划。

（8）实时市场申报。运行日，各市场主体根据市场规则在实时市场报价。实时市场报价通常采用日前市场封存的申报信息，新能源场站可根据超短期负荷预测结果重新申报预测功率曲线。

（9）实时市场出清。运行日，电网调度机构以 5 ~ 15min（时段可灵活设置）为周期，基于最新的电网运行状态与超短期负荷预测信息，以购电成本最小为目标，在日前市场与日内机组组合调整确定的开机组合基础上，采用安全约束经济调度（SCED）程序进行优化计算，优化未来 15min ~ 2h（时段可灵活设置）的机组出力，形成实时市场分时段出清电量、电价等结果。

（10）安全校核。运行日，电网调度机构完成每个周期的实时市场出清后，开展实时市场安全校核。实时市场安全校核包括但不限于电力平衡校核、安全稳定校核、运行备用约束校核、机组爬坡约束、输变电设备检修校核、发电机组（群）必开必停约束等。若未通过安全校核，电网调度机构审慎评估后，可立即采取市场干预、需求响应以及其他有效手段保证电网安全运行，不再重新开展实时市场出清。

（11）发布实时市场出清结果。运行日，电网调度机构完成实时安全校核后，以通过安全校核的实时市场出清结果为依据，编制发电机组的实时发电调度计划，并下发。

（12）实时运行调整。电网实时运行中，当系统发生异常或紧急情况时，电网调度机构应按照安全第一的原则，根据《电网调度规程》酌情处置，无需考虑经济性。处置结束后，受影响的发电机组以当前的出力点为基准，恢复参与实时市场出清计算，电网调度机构应记录事件经过、计划调整情况等，并通过电力交易平台向市场成员发布。

（13）电量计量。电量计量由电网企业根据国家相关规定执行。

（14）电量清分。电力交易机构按照市场运营规则，根据日前市场和实时市场出清电量及电价，结合电网企业提供的分时计量数据，在运行日后的若干工作日内，向各市场主体发布临时结算结果。如有异议按照市场运营规则处理。

（15）电费结算。电力交易机构按照市场运营规则，在每月的约定时间，根据上月清算结果、零售市场结算结果以及历史月份的退补结算结果，出具上月月度结算临时结果并发布给市场主体确认。经市场主体确认后，电力交易机构在每月的约定时间，出具上月月度结算正式依据，发布至电网企业和市场主体。电网企业在每月的约定时间，形成上月结算通知单并将电费信息通知市场主体，按照合同约定或法律法规的规定完成电费收支。

三、电力现货市场价格机制

1. 市场主体报价方式

电力现货市场中常见的报价方式包括单边报价和双边报价，具体有以下几种市场：

（1）单边报价。由发电侧进行报价、实时滚动出清的电力库模组织方式。负荷侧不参与报价，市场运营机构预测用电负荷和辅助服务需求进行出清。

（2）双边报价。在日前和日内市场中，由发用电两侧市场主体形成平衡责任单元，根据短期供需平衡需要，向电力交易机构提交日前、日内市场的申报信息。

（3）单边报价和双边报价共存。日前市场接受供需双侧报价；实时电力市场中只考虑发电企业报价，负荷需求采用 PJM 超短期负荷预测结果。

我国局部地区发电侧市场集中度较高，为避免发电侧市场操纵现象，更好地反映供需双侧需求，提高市场效率，建议日前市场采用双边报价模式。对于实时市场，为确保系统安全运行，可采用发电侧单边报价模式，按照调度超短期负荷预测结果进行出清。

发电侧报价方式主要有报量不报价、报量报价两种形式。报量不报价形式是指市场成员申报出力曲线、不申报价格。报量报价形式是指市场成员申报量价曲线，是常规机组的申报形式，根据市场规则要求，可以是单调递增的多段量价曲线，或者是阶梯形式或者斜率形式，也可以是全天一组量价对报价或者分时段多组量价对报价。

2. 出清价格形成机制

国内外主要电力现货出清价格的形成采用边际出清价格机制，主要包括系统边际电价（SMP）、分区边际电价（ZMP）和节点边际电价（LMP）。

系统边际电价（SMP）是指在现货电能交易中，按照报价从低到高的顺序逐一成交电力，使成交的电力满足负荷需求的最后一个电能供应者的报价称为系统的边际电价。系统边际电价是反映电力市场中电力商品短期供求关系的重要指标之一，是联系市场各方成员的经济纽带，适用于电网阻塞较少、阻塞程度较轻、阻塞成本低的地区。

系统边际电价（SMP）在实际运行中，可能会使电网不同区域之间发生输电阻塞，而在区域内部输电阻塞发生的概率较小或情况比较轻微。此时，可采用分区边际电价（ZMP），按阻塞断面将市场分成几个不同的区域（即价区），区域内的所有机组用同一个价格。分区边际电价模式适用于阻塞频繁发生的部分输电断面的地区。

节点边际电价（LMP）模式适用于电网阻塞程度较为严重，输电能力经常受阻的地区。节点边际电价也称为节点电价。LMP 计算特定节点上新增单位负荷（一般为 1MW）所产生的发电边际成本、输电阻塞成本和损耗。LMP 提供了一个开放、透明、非歧视的机制来处理在电网开放条件下的电网阻塞问题，可以将因阻塞导致的成本信息反映给市场成员，是有安全约束的经济调度的优化结果。

因此，系统边际电价、分区边际电价和节点边际电价的形成主要是受电网阻塞因素的影响；可以推断，在分区内部不存在阻塞的情况下，分区内各节点边际电价等于分区边际电价；在分区间不存在阻塞的情况下，分区边际电价等于系统边际电价。通俗理解，如果将整个电网简化为一个节点，这个节点的节点边际电价就是系统边际电价；如果将整个电网按分区简化为几个节点，每个节点的节点电价就是分区边际电价。因此，理解节点边际电价的形成机理，是理解系统边际电价、分区边际电价的关键。

国外电力现货市场发展的经验表明，节点边际电价模式适用于电网阻塞程度较为严重、输电能力经常受限的地区；分区边际电价模式适用于阻塞频繁发生在部分输电断面的地区；系统边际电价模式适用于电网阻塞较少、阻塞程度较轻、阻塞成本较低的地区。

第二节 省间电力现货市场

一、我国省间现货市场建设现状

2015年3月15日，中发9号文正式印发，新一轮电力体制改革启动。文件提出"加快构建有效竞争的市场结构和市场体系，形成主要由市场决定能源价格的机制"，"推进跨省跨区电力市场化交易，促进电力资源在更大范围优化配置"。

为缓解"三弃"问题，在落实跨省跨区中长期交易基础上，当送端电网调节资源已经全部用尽，可再生能源仍有富余发电能力、可能出现弃水弃风弃光时，充分利用跨区通道富余通道能力，用市场化方式组织开展日前、日内跨区域外送交易，尽最大可能消纳可再生能源。2017年8月18日，根据《国家能源局关于同意印发〈跨区域省间富余可再生能源电力现货交易试点规则（试行）〉的复函（国能函监管〔2017〕46号），国调中心正式组织开展跨区域省间富余可再生能源电力现货交易。

2021年11月1日，国家发展改革委、国家能源局联合印发了《关于国家电网有限公司省间电力现货交易规则的复函》（发改办体改〔2021〕837号），同意国家电网有限公司按照省间电力现货交易规则组织实施。11月22日，国家电网有限公司正式印发《省间电力现货交易规则（试行）》（国家电网调〔2021〕592号）。

省间电力现货交易的目的是在落实省间国家计划和中长期交易基础上，充分发挥市场作用，对富余电能资源进行大范围优化配置，促进绿色清洁发电和省间电能余缺互济。省间现货启动运行后，标志着"统一市场、两级运作"的市场框架雏形基本建立。

二、省间交易机制

1. 交易范围及参与机制

省间电力现货交易支持各省符合准入条件的所有市场主体开展跨省跨区电力现货交易。通过扩大市场配置范围，可进一步提高资源优化配置效率，增加社会福利，降低用电成本，有效缓解区域内清洁能源消纳压力，促进全网电力余缺互济。

市场成员包括发电企业、电网企业、售电企业、电力用户及市场运营机构。可再生能源发电企业、火电企业及核电企业可作为卖方参与市场交易。电力用户及售电企业作为买方参与市场交易。电网企业按照地方政府的要求，代理暂未直接参与市场交易的工商业用户和居民、农业用户参与省间电力现货交易。

在机制设计中，允许各省根据省内电力供需形势，在保证清洁能源消纳的前提下，灵活确定省内市场主体在各交易时间点的购售角色。即：在同一交易时间点，省内可再生能源富余时，交易角色为卖方，省内市场主体不得在省间电力现货交易中买入电能；省内平衡紧张时，省内市场主体不得在省间电力现货交易中卖出电能；其他情况下，省内市场主体可以按规则申报买入或卖出电能。

2. 市场组织机制

省间电力现货交易涉及市场主体分布广、类型多，电网安全管控难度高，需要各级电网调度机构及电力交易机构按照以下职责协同组织市场运营。

（1）国调中心、网调负责省间电力现货交易的组织运行，并按调管范围开展日前跨省跨区发输电预计划编制、断面限额维护、安全校核等工作。

（2）网调负责省间辅助服务市场的组织运行，负责区域电网的安全校核。

（3）省调负责省内电力现货市场及省内辅助服务市场的组织运行。

（4）电力交易机构主要负责市场注册、交易申报、结算依据出具、信息发布等环节。

国调中心、网调和省调三级调度在两级市场运作过程中按调管范围开展安全校核，分层次、分阶段协同配合，共同保障电网安全稳定运行。

考虑到电网安全以区域交流同步电网为控制大区的现状，在所有市场组织完成后，由网调负责区域电网安全校核。区域电网安全校核基于全网完整模型进行计算，可避免非完整模型下的独立出清结果在实际执行时出现越限。

3. 市场衔接机制

省间、省内市场采取"分层申报、协调出清"模式。首先省内依据省间送受电预计划以及本网运行实际，形成省内开机方式和发电计划的预安排，在此基础上组织省间现货交易。省间交易形成的量、价等结果作为省内交易的边界，省内交易在此基础上开展。为保证市场在时序上的良好衔接，省间现货市场开展日前、日内交易，省内现货市场开展日前实时交易。

4. 交易品种及交易周期

省间电力现货交易包括日前交易和日内交易，交易品种为电能量交易。电力最小申报单位为 1MW；最低申报限价为 40 元 /MWh，最高申报限价为 10000 元 /MWh。

日前市场：以 15min 为 1 个点，按日开展次日全天 96 时段的省间日前现货交易。

日内市场：以 2h 为一个固定交易周期，在日前交易基础上开展未来 8 个点的省间日内现货交易（分别为 0:15～2:00、2:15～4:00、4:15～6:00、6:15～8:00、8:15～10:00、10:15～12:00、12:15～14:00、14:15～16:00、16:15～18:00、18:15～20:00、20:15～22:00、22:15～24:00）。

若日内交易周期内仍有新增富余电力外送和购电需求，可组织临时交易进一步增加交易频次，需保证 $T=60min$ 前将出清结果下发至省调（交易时段起始时刻为 T）。

5. 交易流程

（1）日前市场交易组织流程。

1）预计划下发。$D-2$ 日 14:00 ~ 15:30，国调中心基于跨区中长期交易结果，考虑电网安全运行需要，编制并下发跨区通道及直调机组 D 日 96 时段预计划。

$D-2$ 日 15:30 ~ 17:00，网调基于跨区通道、直调机组预计划和省间中长期交易结果，考虑电网安全运行需要，编制并下发省间联络线及直调机组 D 日 96 时段预计划。

2）交易前信息公告。$D-1$ 日 8:45 前，电力交易机构向市场主体发布检修计划、电网安全约束等日前现货交易所需相关信息。

3）省内预出清（预计划）。$D-1$ 日 8:45 ~ 9:45，市场主体申报参加省内市场（电现货市场运营期间）的分时"电力－价格"曲线。

$D-1$ 日 9:45 ~ 10:30，省内电力现货市场运营期间，省调相应开展省内日前电力现货市场预出清；省内电力现货市场未运行时，省调相应开展省内预计划编制。各单位根据预出清或预计划结果将机组预计划、负荷预测等七大类数据上报至国调中心、网调。

$D-1$ 日 11:00 前，省调将省内预出清或预计划结果、省内电力平衡裕度和可再生能源富余程度提交至电力交易机构，并向相关市场主体发布。

4）交易申报。$D-1$ 日 11:00 ~ 11:30，市场主体申报省间电力现货交易分时"电力－价格"曲线。

$D-1$ 日 11:30 ~ 11:45，省调对省内市场主体申报数据进行合理性校验，保证节点内部电能申报量可送出或受入。省调将省内各市场主体报价曲线上报至国调中心。

国调中心、网调对直调发电企业的申报量进行预校核，保证电能申报量可执行。

5）省间现货交易出清及跨区发输电计划编制。$D-1$ 日 11:45 ~ 12:30，国调中心和网调组织省间日前现货交易集中出清，形成考虑安全约束的省间日前现货交易出清结果，经安全校核通过后，将包含省间日前现货交易结果的跨区发输电日前计划下发至相关电网调度机构和市场主体。

6）省间联络线计划编制。$D-1$ 日 12:30 ~ 14:30，网调组织开展区域内省间辅助服务交易，并将交易结果和省间联络线计划下发至相关省调和发电企业。

7）省内发电计划编制。$D-1$ 日 14:30 ~ 17:30，省调根据上级电网调度机构下发的联络线计划，编制省内日前发电计划或组织省内日前电力现货市场及辅助服务市场（省间交易卖方成交结果作为送端关口负荷增量，买方成交结果作为受端关口电源）出清。电力交易机构向市场成员发布市场出清结果。

（2）日内市场交易组织流程。

1）交易前信息公告。$T-120min$ 前，根据电网调度机构向国家能源局及其派出机构报备的信息披露内容，向市场主体发布省间日内现货交易所需相关信息。

2）交易申报。$T-120min \sim T-110min$，市场主体申报日内交易时段内的"电力－价格"曲线。

$T-110min \sim T-90min$，省调对省内市场主体申报数据进行合理性校验，保证节点内部电能申报量可送出或受入。省调将各市场主体报价曲线上报至国调中心。

国调中心、网调对直调发电企业的申报量进行预校核，保证电能申报量可执行。

3）省间交易出清及跨区发输电计划下发。$T-90min \sim T-60min$，国调中心、网调组织省间日内现货交易集中出清，形成考虑安全约束的省间日内现货交易出清结果，将出清结果纳入联络线日内计划，经安全校核后，将包含省间日内现货交易出清结果的跨区发输电计划下发至相关省调及直调发电企业。

4）省间联络线计划下发。$T-60min \sim T-30min$，网调组织开展区域内辅助服务市场，并将交易结果和省间联络线计划下发至相关电网调度机构和发电企业。

5）结果发布。$T-30min \sim T-15min$，省调根据上级电网调度机构下发的联络线计划，编制省内实时发电计划或组织省内时市场及辅助服务市场出清。电力交易机构向市场成员发布市场出清结果。

三、省间交易的出清与结算

1. 出清及定价机制

省间电力现货交易采用考虑多级联通道动态 ATC、网损和输电的集中出清机制。根据买卖双方申报的分时"电力电价"曲线，按双方可行交易路径计及交易路径输电成本，确定买卖双方价差，形成交易组合。按交易组合价差由大小依次成交，在考虑电网安全约束后，依序使用交易路径中各省间通道的输电资源达成交易。

通过在交易出清过程中引入输电权的隐式拍卖，解决了省间输电资源优化分配的难题。在该机制下，相同买卖方省间优先使用输电成本低的路径达成交易，不同买卖方间根据报价高低确定省间通道的优先使用权。

省间现货交易采用边际电价结算机制。卖方节点最后一笔成交交易对的买卖双方价格算术平均值为该卖方节点竞价出清的边际价格，以此作为该卖方节点所有成交交易的结算价格。将此边际价格按交易路径输电价格和输电网损反向折算到买方节点的价格作为该买方节点与对应卖方节点成交交易的结算价格。

2. 交易执行与偏差处理

电网调度机构按照以下优先级安排跨省区联络线计划：跨省区中长期交易、省间日前现货交易、省间日内现货交易。

省间电力现货交易结果纳入跨省区联络线计划，作为省内市场的运行边界，原则上不跟随市场主体的实际发用电而变化。

当跨省区联络线因电网故障、设备异常、自然灾害、外力破坏及其他原因导致输电能力下降时，电网调度机构依据调度规程，按照"安全第一"的原则，及时调减或取消省间电力交易。跨省区交流联络线输电功率波动、输电网损误差等因素造成实际执行值与所有交易的偏差，按照相关交易规则处理。

3. 结算原则

省间电力现货交易结算采用日清月结方式，$D+5$ 日进行市场化交易结果清分，生成日清算结果，由电力交易机构出具结算依据，并向市场主体发布。电网调度机构 $D+1$ 日将运行日市场交易结果和实际执行情况等信息提供给电力交易机构。

省间电力现货交易执行结果作为省间电力现货交易结算依据。跨省区联络线实际计量电量与下达指令执行电量的偏差部分按照相关规则进行结算。北京电力交易中心会同相关省级电力交易机构向市场成员提供省间电力现货交易结算依据。

第八章 电力辅助服务市场

第一节 电力辅助服务市场概述

一、电力辅助服务市场

随着我国新能源发电比例的不断升高，电力系统的灵活性要求也随之提高，电力系统调节手段不足问题逐渐突显，原有的辅助服务计划补偿模式和力度已不能满足电网运行需求。国外成熟电力市场一般通过现货市场中的实时平衡市场或平衡机制实现调峰。国内未开展电力现货市场建设的地区，亟须利用市场化手段激励机组等调节资源参与调峰辅助服务。基于此，国内各省、分中心分别开展省内及省间调峰辅助服务市场建设，探索建立调峰辅助服务分担共享新机制。

电力辅助服务的管理最早依据于 2006 年国家电力监管委员会下发的《发电厂并网运行管理规定》（电监市场〔2006〕42 号）、《并网发电厂辅助服务管理暂行办法》（电监市场〔2006〕43 号）（简称"两个办法"），包括"一次调频""AGC""调峰""备用""无功""黑启动"六个品种，同时规定各品种的统计方法和计算公式，作为辅助服务管理的基本框架。随后全国各区域电力监管机构分别牵头，根据本区域电网情况制定具体的《区域发电厂并网运行管理及辅助服务管理实施细则》（简称"两个细则"）执行标准。也就是说，各区域"两个细则"管理框架基本相同，但在执行标准上有所差异。

随着电力系统新能源高占比特性凸显，"调峰"和"备用"越来越成为资源最稀缺的两个品种。其中"调峰"品种指火电机组针对新能源涨发过程，逐渐降低出力到深度调峰区的行为，立足于新能源消纳；"备用"品种指火电机组针对新能源落发过程逐渐增加出力进行顶峰支援的行为，立足于系统电力保供。

电力辅助服务市场的定义系指电力市场中针对保证系统安全稳定运行所需的辅助服务进行交易的市场。随着全网新能源占比不断提高带来消纳任务持续加重，系统调峰资源匮乏，火电机组常规调节能力已不能满足新能源消纳需求，同时"两个细则"定额补偿标准较低，不足以调动火电主体开展深度调峰的积极性，"调峰"辅助服务品种迫切需要迈向市场化运作来提升主体能动性和疏导成本。2017 年以来，为解决新能源快速发展带来的调峰困难，用市场化手段推动新能源消纳，在国家能源局西北监管局的指导下，国家电网公司西北分部协同五省（区）公司开展区域调峰辅助服务市场建设。2019 年，随着最后一家省内调峰市场（陕西）进入试运行，西北区域调峰辅助服务场市场全面

110

建成。

二、电力辅助服务品种

按照原国家电监会颁布的《并网发电厂辅助服务管理暂行办法》，电力辅助服务主要包括一次调频、自动发电控制、调峰、无功功率调节、旋转备用、黑启动服务等，具体定义见表8-1。

表 8-1 电力辅助服务品种及定义

来源	名称	定义	备注
原国家电监会颁布的《并网发电厂辅助服务管理暂行办法》	一次调频	当电力系统频率偏离目标频率时，发电机组通过调速系统的自动反应，调整有功功率减少频率偏差所提供的服务	—
	自动发电控制（AGC）	指发电机组在规定的出力调整范围内，跟踪电力调度指令，按照一定调节速率实时调整发电出力，以满足电力系统频率和联络线功率控制要求的服务	为解决快速负荷波动与较小程度发电变化问题，使系统频率稳定在正常值或接近正常值的水平
	调峰	指发电机组为了跟踪负荷的峰谷变化而有计划的、按照一定调节速度进行的发电机组出力调整所提供的服务	调峰根据出力调整范围分为基本调峰和有偿调峰
	无功功率调节	发电机组向电力系统注入或吸收无功功率所提供的服务	根据功率因数范围可分为基本无功功率调节和有偿无功功率调节
	旋转备用	为了保证可靠供电，调度机构指定的并网机组通过预留发电容量所提供的服务	旋转备用必须在 10min 内能够调用。旋转备用的作用为消除可能危害系统稳定的、难以预测的大电能偏差
	黑启动	电力系统大面积停电后，在无外界电源支持情况下，由具备自启动能力的发电机组所提供的恢复系统供电的服务	黑启动的作用为保证系统在任何情况下都可以快速恢复运行
各区域结合本区域电力系统运行的实际情况定义了一些辅助服务品种	自动电压控制（AVC）	在自动装置的作用下，发电厂的无功功率、变电站和用户的无功功率补偿设备以及变压器的分接头根据电力调度指令进行自动闭环调整，使全网达到最优的无功功率和电压控制的过程	自动电压控制的作用为将各母线上的电压控制在接近正常值的很小范围内
	低频调节	指当出现跨区直流功率失却等原因造成电网频率低于规定值时，发电机组参与所在控制区频率或者联络线偏差控制调节，短时快速增加发电出力，以满足电力系统频率要求的服务	目前，华东区域设置了该品种

来源	名称	定义	备注
各区域结合本区域电力系统运行的实际情况定义了一些辅助服务品种	热备	为了保证可靠供电，根据电力调度指令指定的未并网机组所提供的必须在规定的时间内能够调用的备用容量	如《华东区域并网发电厂辅助服务管理实施细则》规定1h内
	快速甩负荷	指电网发生严重事故时，发电机组根据电力调度指令与电网解列，转为只带厂用电的孤岛运行方式，并在电网事故消除后迅速并网，恢复向外供电所提供的服务	目前，华东区域设置了该品种
	调停备用	燃煤发电机组按电力调度指令要求超过规定的时间（如《西北区域并网发电厂辅助服务管理实施细则》规定72h）内的调停备用	目前，西北区域设置了该品种
	冷备	指并网火力发电机组、核电机组由于电网运行安排、可再生能源消纳等需要，按电力调度指令停运，到接到电力调度指令再次启动前的备用状态，备用时间需大于规定时间（如《南方区域并网发电厂辅助服务管理实施细则》规定72h），由于电厂自身原因停机不作为备用时间统计，但经检修后报备用开始算作冷备用时间	目前，南方区域设置了该品种
	稳控装置切机服务	因系统原因在发电厂设置的稳控装置正确动作切机后应予以补偿	目前，西北区域设置了该品种

第二节　电力辅助服务市场发展综述

一、电力辅助服务市场建设过程

2020 年以来，为适应电力市场化改革要求，着力解决新能源反调峰带来的电力保供问题，国网西北分部继续协同五省（区）公司继续拓展"备用"辅助服务品种迈向市场化运作，开展省间备用辅助服务市场建设，目前已开展了三轮结算试运行。

我国电力辅助服务市场建设经历了极其独特的发展历程。我国电力辅助服务发展经历了全电价统一补偿、发电企业交叉补偿和市场化探索三个阶段。电力辅助服务市场机制是电力现货市场运营不可或缺的关联机制。自 2006 年起，我国在未开展电力现货市场的条件下，先行开展了并网发电厂辅助服务补偿工作，提出"按照'补偿成本和合理收益'的原则对提供有偿辅助服务的并网发电厂相互进行补偿，补偿费用主要来源于辅助服务考核费用，不足（富余）部分按统一标准由并网发电厂分摊"。这是一种基于传统上网电价机制的辅助服务补偿机制，与电力现货市场环境下的电力辅助服务市场机制有本质的区别，不应直接套用，因此随着电力现货市场的建设，应当配套出台电力辅助服务市场交易规则。根据国家能源局印发的《电力辅助服务管理办法》，电力辅助服务市场交易规则主要明确通过市场化竞争方式获取的电力辅助服务品种的相关机制。电力辅助服务机制不仅涉及获取机制，还涉及分摊机制，关系电价空间，机制的建设十分复杂，须高度重视。

阶段一：全电价统一补偿阶段。

2002 年以前，我国电力工业主要采取垂直一体化的管理模式，电网企业所属发电厂实行内部统一核算，而独立发电企业则根据购售电协议确定上网电价，其电价为全电价，即其中除电能量电价之外，已包含辅助服务的费用，省间、网间送受电价也为全电价。2002 年厂网分开后至开展现货市场之前，虽然各发电厂分属于不同的利益主体，但上网电价为全电价的价格形成机制没有发生变化，电力辅助服务的费用均核定包含在全电价之中。故而，在《并网发电厂辅助服务管理暂行办法》出台之前，我国的电力辅助服务均采用"按需调用、按实发电量补偿"的方法，由电网调度机构按照"经济调度"或"三公调度"的原则统一安排发电厂的运行计划；同时，按照《电网调度管理规程》，根据系统的负荷特性、水火比重、机组特性以及设备检修等方面因素，根据等微增率原则进行发电计划和辅助服务的全网优化，安排和调用辅助服务。在对电厂进行结算时，辅助服务与发电量捆绑在一起进行结算，没有单独的辅助服务补偿机制。

阶段二：发电企业交叉补偿阶段。

各发电厂在电网运行中地位和作用在时空上存在显著的差异，导致其对电力辅助服务的贡献十分不均衡，"按需调用、按实发电量补偿"的方法显然有失公允，随着厂网分开后各发电厂自主经营意识的逐步提高，传统提供电力辅助服务的办法难以协调各方利益。理论上，电力辅助服务可以随同电力现货市场的建设同步建立市场交易机制，通过市场化手段，实现电能量与辅助服务计量计价的分离，从根本上解决遗留问题。然而，我国电力现货市场建设当时还在酝酿中，实行的仍是"三公调度"，在这一背景下，2006 年，国家电监会印发《并网发电厂辅助服务管理暂行办法》（简称《办法》）与《发电厂并网运行管理规定》（简称《规定》），提出"按照'补偿成本和合理收益'的原则对提供有偿辅助服务的并网发电厂进行补偿，实行'按需调用、据实补偿'，补偿费用主要来源于发电企业辅助服务考核费用，不足（富余）部分按统一标准由并网发电厂分摊"，初步做到了根据发电企业电力辅助服务贡献度的不同实施奖惩，我国电力辅助服务由此进入发电企业交叉补偿阶段。

在电力辅助服务品种的界定方面，《办法》在国外一般界定的种类的基础上，把一些通常属于电能量市场的内容，也扩大到辅助服务范畴，如调峰。这种扩大，在尚未建立电力现货市场的条件下，确实发挥了重要作用，在很大程度上有效激励了灵活性可调节资源的开发利用。

各地也根据《办法》和《规定》相继出台"两个细则"文件,规定了本地电力辅助服务的有偿基准、考核与补偿以及费用分摊等规则。"两个细则"规定的计划补偿方式能够在一定程度上激励当地发电机组提供电力辅助服务,但随着新能源占比的提升,辅助服务的稀缺程度也不断增加。《办法》的机制性缺陷逐渐显露,加上各地"两个细则"的标准缺乏统一,致使跨省跨区送受电的辅助服务矛盾日渐突出。总之,《办法》所建立的发电企业交叉补偿机制是一种创举,尽管是非电力现货市场条件下的权宜之计,但体现公平、效率的市场精神,在特定历史时期功不可没,但总体来看补偿力度存在偏差,甚至出现异化,改变了辅助服务补偿机制的初衷和功能。

阶段三:市场化探索阶段。

电力辅助服务在发电企业内交叉补偿机制的先天不足,推动了市场化的探索。国外成熟电力市场一般通过电力现货市场实现调峰资源的优化配置,而当时我国尚未启动电力现货市场建设,亟须利用市场化手段提高奖罚力度,以更高的补偿力度激励发电企业等调节资源参与电力辅助服务。2014年10月1日,随着东北能源监管局下发的《东北电力辅助服务调峰市场监管办法(试行)》(简称《监管办法》)实施,我国首个电力调峰服务市场(简称东北电力调峰市场)正式启动,标志着市场化补偿电力调峰服务尝试的开始。东北电力调峰市场深度调峰补偿力度大幅提高,不同档位最高限价分别设置为0.4元/kWh、1元/kWh,对于火电机组参与深度调峰的激励作用显著提升。2015年3月,中发9号文提出以市场化原则建立辅助服务分担共享新机制以及完善并网发电企业辅助服务考核机制和补偿机制。在中发9号文的顶层设计下,与电力辅助服务市场化建设直接相关的文件密集出台,各地也积极开始电力辅助服务市场化探索。截至2022年9月,在区域省间辅助服务市场方面,国网经营范围内所有区域均全部开展了区域调峰服务市场,部分区域开展了区域备用辅助服务市场。省内辅助服务市场方面,主要为调峰服务,部分省市开展了调频辅助服务和备用辅助服务。

2017年,国家发展改革委、国家能源局印发《清洁能源消纳行动计划(2018~2020年)》(发改能源规〔2018〕1575号),提出全面推进辅助服务市场建设,在东北、山西、福建、山东、新疆、宁夏、广东、甘肃等地开展辅助服务市场试点,推动辅助服务由补偿机制逐步过渡到市场交易机制。

2020年以来,党中央、国务院相继印发《关于完整准确全面贯彻新发展理念做好碳达峰碳中和工作的意见》《2030年前碳达峰行动方案》等相关重要文件,明确要求完善长期市场、电力现货市场和辅助服务市场衔接机制,大力提升电力系统综合调节能力,加快现役机组灵活性改造,引导自备电厂、传统高载能工业负荷、工商业可中断负荷、电动汽车充电网络、虚拟电厂等参与系统调节。

2021年12月24日,国家能源局《电力并网运行管理规定》和《电力辅助服务管理办法》修订版正式发布。主要内容包括:进一步扩大电力辅助服务新主体,将提供辅助服务主体范围由发电厂扩大到包括新型储能、自备电厂、传统高载能工业负荷、工商可中断负荷、电动汽车充电网络、聚合商、虚拟电厂等主体，促进挖掘供需两侧的灵活调节能力，加快构建新型电力系统；进一步规范辅助服务分类和品种，对电力辅助服务进行重新分类，分为有功平衡服务、无功平衡服务和事故应急及恢复服务，并考虑构建新型电力系统的发展需求，新增引入转动惯量、爬坡、安全稳定切机服务、切负荷服务等辅助服务新品种；进一步明确补偿方式与分摊机制，强调按照"谁提供、谁获利；谁受益、谁承担"的原则，确定补偿方式和分摊机制，并提出逐步建立电力用户参与辅助服务分担共享机制；完善用户分担共享新机制。健全市场形成价格新机制，明确电力辅助服务的补偿和分摊费用可以采用固定补偿和市场化形成两种方式。

2022 年 1 月 18 日，经中央深改委审议通过的 118 号文印发，要求持续完善电力辅助服务市场，建立健全调频、备用等辅助服务市场，探索用户可调节负荷参与辅助服务交易，推动源网荷储一体化建设和多能互补协调运营，完善成本分摊和收益共享机制。

二、电力辅助服务市场成员

1. 市场运营机构

调峰辅助服务市场的市场成员包括市场运营机构和市场主体两大类。省级调峰辅助服务市场运营机构一般为省电力调控中心和省电力交易中心。

各省规则中省电力调控中心和省电力交易中心的职责大体相同。省电力调控中心的主要职责是：管理、运营调峰辅助服务市场；建设、维护市场平台，拟定相关标准；依据市场规则组织交易，按照交易结果进行调用，对交易结果进行统计考核，将交易执行结果送达电力交易中心；发布实时市场信息；评估市场运行状态，对市场规则提出修改意见；紧急情况下中止市场运行，保障系统安全运行；向能源监管机构提交调用结果，接受监管等。省电力交易中心的主要职责是出具结算凭证等。

2. 市场主体

因各省电源结构、负荷特性、供需平衡情况不同，各省级调峰辅助服务市场的主体差异较大。

发电企业是调峰市场最重要的主体。新疆市场的要求为新疆省级及以上电力调度机构直接调管的，参与新疆区域内电力电量平衡的并网发电厂；山西市场的要求为已完成市场主体注册的省调并网发电厂；甘肃市场的要求为已取得发电业务许可证的省内发电企业，自备电厂自愿参与；山东市场的要求为山东省调调度指挥的并网发电厂，暂不包括自备电厂；福建市场中参与调峰交易的为福建省调直调及许可电厂。

另外，山东将送入本省的跨省区联络线纳入市场主体范围。新疆、山西、甘肃、福建将经市场准入的电储能和可中断负荷纳入市场主体范围。山西还建立了需求侧响应调峰与售电企业移峰调峰机制。福建对用户侧参与调峰机制进行了阐述，对用户侧参与直接交易的市场化电量实行低谷时段结算价格调整机制。

第九章　电力计量及结算

第一节　电能计量

市场主体用于结算的上下网电量由电网企业提供。电网企业应当在产权分界点安装符合技术规范的计量装置，计量装置应满足市场主体参与市场运行的电能量采集时间周期要求，确保市场主体上下网电量及时、准确计量。

一、计量点设置

计量装置原则上安装在产权分界点，产权分界点无法安装计量装置的，应考虑相应的变（线）损。电能计量装置安装点的设置应满足以下要求：

（1）贸易结算用电能计量点设置在购售电设施产权分界处，出现穿越功率引起计量不确定或产权分界处不适宜安装等情况的，由购售电双方或多方协商；

（2）当用电客户采用2个及以上电源供电时，每个电源受电点分别设置电能计量装置；

（3）分电能计量点按不同电价类别分别设置，电能计量装置安装在执行不同电价受电装置出线处，采用总表加分表的计量方式；

（4）考核用电能计量点，根据需要设置在电网企业或发、供电企业内部用于经济技术指标考核的各电压等级的变压器侧、输电和配电线路端以及无功补偿设备处。

二、计量装置及数据采集要求

发电企业、电力用户、省间联络线关口计量点应当安装符合计量工作标准的主、副电能表各一套，主、副表应当有明确标志，以主表计量数据作为结算依据。当主表故障时，副表计量数据替代主表计量数据作为电量结算依据。

1. 符合电压等级要求

发电企业、电力用户安装的计量装置需满足接入负荷电压等级需要，具体需根据电网企业计量中心相关要求执行。

2. 符合结算考核周期采集要求

根据电力市场结算规则要求，计量装置数据采集周期及抄表时间应当保证最小交易、结算周期需要，同时需保证计量数据采集准确、完整。

3. 符合结算时间节点数据传递要求

电网企业应当按照电力市场结算要求定期抄录各市场成员电能计量装置数据，并根据时限要求将数据提交电力交易机构。

三、计量数据确认及争议处理

结算窗口期内，各方市场主体依据各自掌握计量数据确认电量数据。

1. 上、下网数据确认

发电企业登录交易平台确认月度、分时段上网电量；电力用户登录交易平台确认月度、分时段用电量。

2. 联络线数据确认

省交易中心根据电网企业表计电量确认总部、分部下发联络线数据。

3. 争议反馈及处理方式

市场成员对计量数据存在疑义时，由具有相应资质的电能计量检测机构确认并出具报告，由电网企业组织相关市场成员协商解决。

第二节　电力交易结算

电力交易结算是对电力商品按照交易价格，依据交易规则，核算各方市场主体在一定交易周期内各项经济往来的过程，是市场主体参与电力市场行为的结果体现，是各方市场主体经济关系的直接体现，是电力市场资源优化配置程度的货币体现。

一、结算业务分类及工作开展原则

电力交易结算业务按照结算内容划分可以分为省间结算和省内结算；按照结算主体划分可以分为发电企业结算、售电企业结算、批发用户结算、零售用户结算和电网企业结算；按照结算周期划分可以分为中长期结算和现货结算；按照结算内容划分可以分为电能交易结算、偏差结算、辅助服务结算、补偿分摊费用结算和退补及清算。

电力交易结算业务应严格按照相关政策、规则开展，业务政策依据主要为各级政府机构、监管机构、国家电网公司、北京交易中心发布的相关政策文件、规则、通知及相关工作要求。因电力市场形势不断变化，宏观政策不断调整，各项规则也在不断改进完善，电力交易结算工作需要根据市场形势及政策变化情况不断调整，以满足新形势下各方市场成员的需要。

二、宁夏电力市场结算规则

2017年及以前，宁夏电力市场电能量结算采取耦合方式开展，市场化电量依据用户实际用电量结算，基数电量兜底、年度滚动平衡。2018年起，为加快推进宁夏电力市场改革，发挥市场资源配置决定性作用，优先计划以外的电量需求全部进入市场，结算规则同步配合调整为发、用双方解耦，基数电量优先，市场化电量按照优先级依次结算，发、用两侧各自计算偏差的方式开展。

2023 年，为积极响应进一步深化燃煤发电上网电价市场化改革要求，宁夏电力市场按照"照付不议、偏差结算"的原则开展分时段交易及结算。市场主体各时段（小时）所有交易合同先按照合同价格全量结算，再根据交易合同电量净值与其实际上、下网电量计算偏差，按偏差电价开展偏差结算。省间责任偏差由北京电力交易中心认定售电方或购电方责任后开展偏差结算，偏差考核电费兑现至直接调管电厂或送出、受入省电网公司，列入月度电费结算单一并兑现。宁夏电力交易中心以日为周期发布分时段结算结果，按月出具结算依据。

因偏差计算周期大幅缩短，日清分结算模式给计量采集、合同分解、成分清分及电费计算等全流程的每项工作及各环节工作的相互衔接都带来了前所未有的挑战。同时，市场主体通过日清分，对交易结算工作有了全新的体验和感受。

分小时数据直观展现不同时间维度合同与发电能力的匹配程度，发电企业可以更及时地调整合同偏差，更精细地开展分时段交易计划争取，全面提升发电企业计划管理水平。同时，为配合短周期计量、运行要求，发电企业对设备运行的可靠性、生产数据采集、数据传输效率和质量等都提出更高要求，生产运行管理水平同步提升，发电企业也在分时段交易工作的驱策下进入各专业协同工作模式，各方高效衔接，从而达到运营收益最大化。

为加深对 2024 年宁夏电力交易结算规则的理解，现以发电企业为例对结算规则进行实例说明。

【算例一】假设发电企业月度合同总量为 28500.000MWh，月度总上网电量为 29000.000MWh，T 时段日融合均价为 321.00 元 /MWh，月度直接交易均价 310.00 元 /MWh。T 时段各交易合同电量、电价及上网电量见表 9–1。

表 9–1　　　　　　　　发电企业结算算例一

T 时段上网电量（MWh）		900.000	电价（元 /MWh）	电费（元）
科目	合同电量（MWh）	结算电量（MWh）		
优先计划	100.000	100.000	259.50	25950.00
直接交易年度	300.000	300.000	309.00	92700.00
直接交易月度	200.000	200.000	311.00	62200.00
中长期外送 1	150.000	150.000	340.00	51000.00
中长期外送 2	100.000	100.000	322.00	32200.00
中长期外送 3	60.000	60.000	298.00	17880.00

续表

T 时段上网电量（MWh）		900.000	电价（元/MWh）	电费（元）
科目	合同电量（MWh）	结算电量（MWh）		
短期交易 1	20.000	20.000	286.00	5720.00
短期交易 2	10.000	10.000	388.00	3880.00
超发	—	—	321.00	0.00
少发		−40.000	321.00	−12840.00
合计	940.000	900.000	309.66	278690.00

发电企业月度合同总量占月度上网电量比例为 28500.000÷29000.000＝98.28%＞80%，偏差电价执行各时段日融合均价。T 时段上网电量小于该时段合同总量，整体少发，发电企业在该时段电费收益为 27.87 万元，综合结算均价 309.66 元/MWh，见表 9-1。

【算例二】仍假设发电企业月度合同总量为 28500.000MWh，T 时段日融合均价为 321.00 元/MWh，月度直接交易均价 310.00 元/MWh，月度总上网电量变为 36000.000MWh。T 时段各交易合同电量、电价及上网电量均不发生变化，见表 9-2。

表 9-2　　　　　　　　　　　发电企业结算算例二

T 时段上网电量（MWh）		900.000	电价（元/MWh）	电费（元）
科目	合同电量（MWh）	结算电量（MWh）		
优先计划	100.000	100.000	259.50	25950.00
直接交易年度	300.000	300.000	309.00	92700.00
直接交易月度	200.000	200.000	311.00	62200.00
中长期外送 1	150.000	150.000	340.00	51000.00
中长期外送 2	100.000	100.000	322.00	32200.00
中长期外送 3	60.000	60.000	298.00	17880.00
短期交易 1	20.000	20.000	286.00	5720.00
短期交易 2	10.000	10.000	388.00	3880.00
超发	—	—	129.75	0.00
少发		−40.000	310.00	−12400.00
合计	940.000	900.000	310.14	279130.00

发电企业月度合同总量占月度上网电量比例为 28500.000÷36000.000＝79.17%＜

80%，偏差电价执行0.5倍基准电价及月度直接交易均价。在其余条件都不改变的前提下，发电企业在该时段电费收益变为27.91万元，综合结算均价增长至310.14元/MWh，见表9–2。

【算例三】仍假设发电企业月度合同总量为28500.000MWh，月度总上网电量为36000.000MWh，T时段日融合均价为321.00元/MWh，月度直接交易均价310.00元/MWh。T时段各交易合同电量、电价不发生变化，该时段上网电量增加至1200.000MWh，见表9–3。

表9–3　　　　　　　　　　　　发电企业结算算例三

T时段上网电量（MWh）		1200.000	电价（元/MWh）	电费（元）
科目	合同电量（MWh）	结算电量（MWh）		
优先计划	100.000	100.000	259.50	25950.00
直接交易年度	300.000	300.000	309.00	92700.00
直接交易月度	200.000	200.000	311.00	62200.00
中长期外送1	150.000	150.000	340.00	51000.00
中长期外送2	100.000	100.000	322.00	32200.00
中长期外送3	60.000	60.000	298.00	17880.00
短期交易1	20.000	20.000	286.00	5720.00
短期交易2	10.000	10.000	388.00	3880.00
超发	—	260.000	129.75	33735.00
少发	—	—	310.00	0.00
合计	940.000	1200.000	271.05	325265.00

发电企业月度合同总量占月度上网电量比例仍为28500.000÷36000.000=79.17%＜80%，偏差电价执行0.5倍基准电价及月度直接交易均价。该时段虽发电企业由算例二少发情况变为超发，发电企业在该时段电费收益增加至32.53万元，但综合结算均价却下降至271.05元/MWh，见表9–3。

通过算例可以明显看出，发电企业电费收益不仅与各时段合同电量完成情况相关，还与发电企业月度中长期合同持有量相关。市场主体在参与交易时，不仅需要考虑各时段合同完成情况，还需要对月度合同总持有量进行追踪，以确保发电收益最大化。

三、结算业务流程

电力交易结算起始于上、下网电量采集，全业务流程主要由电量采集、合同和计划抽取、补偿分摊考核费用计算、结算规则及偏差价格确认、结算计算、结算结果校核和结算单发布等七个环节，必要时可进行清算。因发电企业结算与省间送受电结算结果联动，为配合市场主体电费支付时间节点，发电侧月结算采取预结算＋结算方式开展，日清分按照 $D+3$ 日发布数据。

1. 电量采集

电量是电力交易结算的基础，电网企业采集发电企业、电力用户、省间联络线关口表计分时段电量数据，并将数据传递至交易中心。每月 1 日，宁夏电力交易中心通过宁夏电力交易平台向市场主体推送月累计及全月分时段上网电量，市场主体需要对电网企业采集的表计电量进行确认。日清分分时段电量随清分结果一并发布。当市场主体对表计电量存在争议时，应于争议反馈期内与电网企业协商处理。

2. 合同、计划抽取

合同由交易产生，计划由相关单位或部门下达，交易合同与交易计划是各方市场主体参与市场交易的凭据，是交易结算的重要依据。月结算时，交易中心抽取联络线、发电企业、电力用户、售电企业结算周期内优先计划、市场化合同的电量、电价，汇总后形成月度结算计划，作为月度结算依据。市场主体需要根据各自交易合同及交易计划对月度结算计划进行确认，确保双方无遗漏数据。日清分时，交易中心仅抽取月合同日计划曲线，依据当日分时段电量开展清分。

3. 补偿分摊考核费用计算

宁夏电力交易中心根据政府、能源监管机构、各级调度机构、各级交易机构及市场管理委员会出具的各类补偿分摊考核费用依据，按照结算单元颗粒度进行拆分或合并后，于月度结算时予以兑现。

4. 结算规则及偏差价格确认

结算规则是政策文件要求落地的最终体现，偏差价格是交易结算规则准确执行的体现。月度结算时，宁夏电力交易中心须及时确认当前结算周期应执行结算规则，并对系统配置算法、各类偏差价格进行确认，确保政策规则正确执行。

5. 结算计算

结算计算是交易结算业务的核心环节，是市场主体参与市场化交易最终结果的体现。宁夏电力交易中心基于电网企业采集的电量数据，根据结算及偏差处理规则，依据市场主体合同、计划及各项补偿分摊考核费用，计算市场主体成分电量、电费。

6. 结算结果校核

结算结果校核是交易结算业务事后自查的关键步骤。宁夏电力交易中心在结算计算过程完成后，对结算结果数据二次校核，确保结果数据准确、完整。

7. 结算单发布

交易结算业务完成后，宁夏电力交易中心按照北京电力交易中心统一模板生成结算单及结算明细附表，向市场主体发布。结算单是市场主体结算结果的唯一、有效依据，结算明细附表是结算单所列示内容分解至各时段的明细数据。宁夏电力交易中心向市场主体出具结算单后，市场主体应及时确认结算单列示的各科目电量、电价、电费数据及结算明细附表中列示的各时段结算电量、电价、电费数据。当市场主体确认结算单无误后，宁夏电力交易中心加盖电子签章，生成电费收支有效凭证。当市场主体对结算单存在争议且暂时无法解决时，宁夏电力交易中心可暂缓结算，或以临时价格结算，待各方达成一致意见或申请主管部门、单位协调一致后进行清算。

四、结算科目设置

根据电力市场建设的新发展、新变化、新要求，北京电力交易中心于 2023 年 12 月对结算科目体系进行了优化与完善，形成新的结算科目体系、结算单及结算明细附表式样，并在 2024 年 1 月结算中正式使用，全面实现交易结算科目通行、通用，结算单规范、统一。

1. 结算科目

结算科目采取统一管理，分级编码，分层组合的方式实现，是交易结算的基础，通过唯一编码确定科目名称。结算科目前四级由北京电力交易中心负责管理，宁夏增设五级科目。具体科目体系见宁夏电力交易中心发布结算单。

2. 交易结算单及结算明细附表式样

交易结算单是结算结果的具体体现，宁夏交易中心针对开展结算业务的市场主体，已使用发电企业、售电企业、电网代理购电等市场主体的新版结算单。交易结算单展示交易结算科目的汇总数据，同一科目涉及多笔交易或多个时段时，明细数据可在交易结算明细附表中查询。宁夏电力交易中心按月向市场主体出具盖章结算单，附表作为交易结算单附件发布，具备在线浏览及导出下载功能，不提供盖章版 PDF 格式。

五、超额获利回收机制

为避免市场主体计划执行偏差过大对宁夏电力市场整体运行情况造成不良影响，根据市场运营情况分别制定了发电侧、用户侧超额获利回收机制，发电企业、电力用户分别根据不同条件开展超额获利回收费用计算及兑现，同时将回收费用列入电力市场不平衡资金统一管理，统一向各方市场主体分摊或返还。电费计算方式在《宁夏电力市场不平衡资金管理方案》中予以明确，该费用按月计算，次月兑现。

六、省间外购电差额电费

为保障宁夏电网安全稳定运行、电力有序供应，在区内电力供应紧张和促进新能源消纳的情况下，由国网宁夏电力代理购入宁夏区域外电力，由各市场主体在市场运行中产生的合同偏差电量承担省间外购电产生的盈亏。

为与宁夏电力市场分时段结算有效衔接，各时段外购电量由发电企业欠发电量与电力用户超用电量共同承担，以差额电费方式兑现至市场主体上、下网电费。电费计算方式在《宁夏电力市场不平衡资金管理方案》中予以明确，该费用按月计算，次月兑现。

七、不平衡资金

宁夏电力市场不平衡资金由市场化电量产生的售电费与购电费的差值构成。售电费由用户侧市场化交易电量电费、用户侧偏差电量电费、用户侧省间外购电差额电费、用户超额获利回收电费和省间外送电量电费构成。购电费由发电侧市场化交易电量电费、发电侧偏差电量电费、发电侧省间外购电差额电费、发电超额获利回收电费和省间外购电量电费构成。

不平衡资金按照市场主体的月度结算电量比例返还或分摊。配套电源参与宁夏电力市场直接交易电量、替发区内发电企业合同的电量，分摊区内不平衡资金。该费用按月计算，次月兑现。

第十章 信息披露

电力市场信息披露是按照国家和地方能源主管部门要求,信息披露主体向社会公众、市场主体等发布电力市场相关信息的行为。基于交易信息平台的信息披露是指信息披露主体按照规定格式通过信息披露平台向交易机构提供信息,通过信息披露平台对外发布信息。信息披露方式除了基于交易信息平台以外,还包括官方网站、微信公众号、信息发布会等。

发布的电力市场信息是指与电力市场运行相关的各类信息,包括电力中长期市场、现货市场、辅助服务市场、权益金融市场、应急调度交易等的建设、运营相关的政策规则类信息,发电设备、电网设备状态等市场边界类信息,发电、负荷、输电预测类信息,市场交易组织、报价、出清、结算类信息,市场成员类信息等。

信息披露主体是指在电力交易机构注册并参与电力市场的市场成员,包括市场交易的各类主体如发电企业、售电企业、电力用户以及其他各类新兴市场主体等,也包括提供市场支撑服务的主体如电网企业和市场运营机构等。

在交易平台发布的信息形式主要包括:①结构化数据和非结构化数据,结构化数据也称作行数据,是由二维表结构来逻辑表达和实现的数据,严格地遵循数据格式与长度规范,主要通过关系型数据库进行存储和管理;②非结构化数据没有固定结构的数据,包括所有格式的办公文档、文本、图片、XML、HTML、各类报表、图像和音频/视频信息等。

在保障信息安全基础上,综合考虑了电力市场信息披露需求,宁夏电力市场基本形成"全市场、全品种、全周期、全主体"的信息披露体系。全市场是指覆盖电力中长期、现货、辅助服务等市场;全品种包含电力直接交易、省间交易、合同交易、辅助服务、代理购电、绿电等交易品种;全周期包括依规开展年、季、月、周、日等时间维度信息披露;全成员涵盖发电、用户、售电企业、新型主体、电网企业及市场运营机构。

近年来,国家有关部门相继印发了《电力企业信息披露规定》(电监会14号令)《电力中长期交易基本规则》(发改能源规〔2020〕889号)《电力现货市场信息披露办法(暂行)》(国能发监管〔2020〕56号)等文件,有效规范了市场成员信息披露行为,促进电力市场信息公开度和透明度不断提高。随着电力体制改革的深入,各方对电力市场信息披露提出了更高要求。2024年,国家能源局整合电力中长期与现货市场信息披露要求,形成统一的电力市场信息披露规则办法,确保披露工作标准统一、披露数据安全可控。通过融合信息披露相关政策文件内容,国家能源局于2024年2月1日正式印发《电力市场信息披露基本规则》(国能发监管〔2024〕9号),作为国家层面的电力市场信息披露政策文件。

为指导、规范、明确宁夏电力市场的信息披露工作，加强信息披露事务管理，维护市场主体合法权益，保障宁夏电力市场安全有序运转，依据《中共中央国务院关于进一步深化电力体制改革的若干意见》（中发〔2015〕9号）及其配套文件、《国家能源局关于印发〈电力市场信息披露基本规则〉的通知》（国能发监管〔2024〕9号）等文件要求和有关法律法规规定，结合宁夏电网实际情况，制定《宁夏电力市场信息披露实施细则》，适用于宁夏电力市场信息披露工作。

第一节　信息披露原则和方式

信息披露应当遵循安全、真实、准确、完整、及时、易于使用的原则。市场竞争所需信息应当充分披露，信息披露主体对其披露信息的真实性、准确性、完整性负责。电力交易机构总体负责电力现货市场信息披露的实施，创造良好的信息披露条件，制定信息披露标准格式，开放数据接口。信息披露平台原则上以宁夏电力交易中心现有信息平台为基础，信息披露主体按照标准格式通过信息披露平台向宁夏电力交易中心提供信息，并通过信息披露平台发布信息。电力市场信息按照年、季、月、周、日等周期开展披露。预测类信息在交易申报开始前披露，运行类信息在运行日次日披露。现货未开展的时期，可根据市场运行需要披露周、日信息，现货市场不结算试运行期间暂不披露现货市场相关信息。信息披露主体按照标准数据格式在信息披露平台披露信息，披露的信息保留或可供查询的时间不少于2年。信息披露应以结构化数据为主，非结构化信息采用PDF等文件格式。涉及多省业务的信息披露主体应以法人为主体披露其全量及分省信息。市场成员对披露的信息内容、时限等有异议或者疑问，可向宁夏电力交易中心提出，宁夏电力交易中心根据本规则规定要求相关信息披露主体予以解释及配合。

第二节　信息披露内容

按照信息公开范围，电力市场信息分为公众信息、公开信息、特定信息三类。公众信息是指向社会公众披露的信息；公开信息是指向有关市场成员披露的信息；特定信息是指根据电力市场运营需要向特定市场成员披露的信息。

一、发电企业应当披露的公众信息

（1）企业全称、企业性质、所属发电集团、工商注册时间、统一社会信用代码、股权结构、法定代表人、联系方式、电源类型、装机容量等。

（2）企业变更情况，包括企业更名或法定代表人变更，企业增减资、合并、分立、解散及申请破产的决定，依法进入破产程序、被责令关闭等重大经营信息。

（3）与其他市场经营主体之间的股权关联关系信息。

（4）其他政策法规要求向社会公众披露的信息。

（5）电厂机组信息，包括电厂调度名称、所在地市、电力业务许可证（发电类）编号、机组调度管辖关系、投运机组台数、单机容量及类型、投运日期、接入电压等级、单机最大出力、机组出力受限的技术类型（如流化床、高背压供热）、抽蓄机组最大及最小抽水充电能力、静止到满载发电及抽水时间等。

（6）配建储能信息（如有）。

（7）机组出力受限情况。

（8）机组检修及设备改造计划。

二、发电企业应当向特定市场成员披露的特定信息

（1）市场交易申报信息、合同信息。

（2）核定（设计）最低技术出力，核定（设计）深调极限出力，机组爬坡速率，机组边际能耗曲线，机组最小开停机时间，机组预计并网和解列时间，机组启停出力曲线，机组调试计划曲线，调频、调压、日内允许启停次数，厂用电率，热电联产机组供热信息等机组性能参数。

（3）机组实际出力和发电量、上网电量、计量点信息等。

（4）发电企业燃料供应情况、燃料采购价格、存储情况、供应风险等。

（5）发电企业批发市场月度售电量、售电均价。

（6）水电、新能源机组发电出力预测。

三、售电企业应当披露的公众信息

（1）企业全称、企业性质、售电企业类型、工商注册时间、注册资本金、统一社会信用代码、股权结构、经营范围、信用代码、法定代表人、联系方式、经营场所地址、信用承诺书。

（2）企业资产信息，包括资产证明方式、资产证明出具机构、报告文号（编号）、报告日期、资产总额、实收资本总额等。

（3）从业人员信息，包括从业人员数量、职称及社保缴纳人数等。

（4）企业变更情况，包括企业更名或法定代表人变更，企业增减资、合并、分立、解散及申请破产的决定，或者依法进入破产程序、被责令关闭等重大经营信息，配电网运营资质变化等。

（5）售电企业年报信息，内容包括但不限于企业基本情况、持续满足市场准入条件情况、财务情况、经营状况、业务范围、履约情况、重大事项，信用信息、竞争力等。

（6）售电企业零售套餐产品信息。

（7）与其他市场经营主体之间的股权关联关系信息。

（8）其他政策法规要求向社会公众披露的信息。

（9）履约保函、保险缴纳金额、有效期等信息。

（10）拥有配电网运营权的售电企业应当披露电力业务许可证（供电类）编号、配电网电压等级、配电区域、配电价格等信息。

（11）财务审计报告（如有）。

四、售电企业应当向特定市场成员披露的特定信息

（1）市场交易申报信息。

（2）与代理用户签订的购售电合同信息或者协议信息。

（3）与发电企业签订的交易合同信息。

（4）售电企业批发侧月度结算电量、结算均价。

（5）可参与系统调节的响应能力和响应方式等。

五、电力用户应当披露的公众信息

（1）企业全称、企业性质、行业分类、用户类别、工商注册时间、统一社会信用代码、法定代表人、联系方式、经营范围、所属行业等。

（2）企业变更情况，包括企业更名或法定代表人变更，企业增减资、合并、分立、解散及申请破产的决定，依法进入破产程序、被责令关闭等重大经营信息。

（3）与其他市场主体之间的股权关联关系信息。

（4）其他政策法规要求向社会公众披露的信息。

（5）企业用电类别、接入地区、用电电压等级、供电方式、自备电源（如有）、变压器报装容量以及最大需量等。

（6）配建储能信息（如有）。

六、第十八条电力用户应当向特定市场成员披露的特定信息

（1）市场交易申报信息。

（2）与发电企业、售电企业签订的购售电合同信息或协议信息。

（3）企业用电信息，包括用电户号、用电户名、结算户号、用电量及分时用电数据、计量点信息等。

（4）可参与系统调节的响应能力和响应方式等。

（5）用电需求信息，包括月度、季度、年度的用电需求安排。

（6）大型电力用户计划检修信息。

七、独立储能应当披露的公众信息

（1）企业全称、企业性质、额定容量、工商注册时间、统一社会信用代码、股权结

构、经营范围、法定代表人、联系方式等。

（2）企业变更情况，包括企业更名或法定代表人变更，企业增减资、合并、分立、解散及申请破产的决定，依法进入破产程序、被责令关闭等重大经营信息。

（3）与其他市场经营主体之间的股权关联关系信息。

（4）其他政策法规要求向社会公众披露的信息。

（5）调度名称、调度管辖关系、投运日期、接入电压等级、机组技术类型（电化学、压缩空气等）、所在地市。

（6）满足参与市场交易的相关技术参数，包括额定充（放）电功率、额定充（放）电时间、最大可调节容量、最大充放电功率、最大持续充放电时间等。

八、独立储能应当向特定市场成员披露的特定信息

（1）市场交易申报信息、合同信息。

（2）性能参数类信息，包括提供调峰、调频、旋转备用等辅助服务的持续响应时长，最大最小响应能力、最大上下调节功（速）率、充放电爬坡速率等。

（3）计量信息，包括户名、发电户号、用电户号、结算户号、计量点信息、充放电电力电量等信息。

九、虚拟电厂和负荷聚合商信息披露

参与宁夏电力市场的虚拟电厂和负荷聚合商按照售电企业相关要求开展信息披露工作。

十、电网企业应当披露的公众信息

（1）企业全称、企业性质、工商注册时间、营业执照、统一社会信用代码、法定代表人、联系人、联系方式、供电区域等。

（2）与其他市场主体之间的股权关联关系信息。

（3）政府定价类信息，包括输配电价、政府核定的输配电线损率等、各类政府性基金及其他市场相关收费标准等。

（4）代理购电信息，包括代理购电电量及构成、代理购电电价及构成、代理购电用户分电压等级电价及构成等。

（5）其他政策法规要求向社会公众披露的信息。

（6）电力业务许可证（输电类、供电类）编号。

（7）发电机组装机、电量及分类构成（含独立储能）情况。

（8）年度发用电负荷实际情况。

（9）全社会用电量及分产业用电量信息（转载披露）。

（10）年度电力电量供需平衡预测及实际情况。

（11）输变电设备建设、投产情况。

（12）市场经营主体电费违约总体情况。

（13）需求响应执行情况。

十一、电网企业应当向特定市场成员披露的特定信息

（1）向电力用户披露历史用电数据、用电量等用电信息。

（2）经电力用户授权同意后，应允许市场经营主体获取电力用户历史用电数据、用电量等信息。

十二、市场运营机构应当披露的公众信息

（1）电力交易机构全称、工商注册时间、股权结构、统一社会信用代码、法定代表人、服务电话、办公地址、网站网址等。

（2）电力市场公开适用的法律法规、政策文件、规则细则类信息，包括交易规则、交易相关收费标准，制定、修订市场规则过程中涉及的解释性文档等。

（3）业务标准规范，包括注册流程、争议解决流程、负荷预测方法和流程、辅助服务需求计算方法、电网安全校核规范、电力市场服务指南、数据通信格式规范等。

（4）信用信息，包括市场主体电力交易信用信息（经政府部门同意）、售电企业违约情况等。

（5）电力市场运行情况，包括市场注册、交易总体情况。

（6）强制或自愿退出且公示生效后的市场经营主体名单。

（7）市场结构情况，可采用 HHI、Top-m 等指标。

（8）市场暂停、中止、重新启动等情况。

（9）其他政策法规要求向社会公众披露的信息。

（10）报告信息，包括信息披露报告等定期报告、经国家能源局西北监管局或者自治区发改委认定的违规行为通报、市场干预情况、电力现货市场第三方校验报告、经审计的收支总体情况（收费的电力交易机构披露）等。

（11）交易日历，包括多年、年、月、周、多日、日各类交易安排。

（12）电网主要网络通道示意图。

（13）约束信息，包括发输变电设备投产、检修、退役计划，关键断面输电通道可用容量，省间联络线输电可用容量，必开必停机组名单及总容量，开停机不满最小约束时间机组名单等。

（14）参数信息，包括市场出清模块算法及运行参数、价格限值、约束松弛惩罚因子、节点分配因子及其确定方法、节点及分区划分依据和详细数据等。

（15）预测信息，包括系统负荷预测、电力电量供需平衡预测、省间联络线输电曲线预测、发电总出力预测、非市场机组总出力预测、新能源（分电源类型）总出力预测、

水电（含抽蓄）出力预测等。

（16）辅助服务需求信息，包括各类辅助服务市场需求情况，具备参与辅助服务市场的机组台数及容量、用户及售电企业总体情况。

（17）交易公告，包括交易品种、经营主体、交易方式、交易申报时间、交易合同执行开始时间及终止时间、交易参数、出清方式、交易约束信息、交易操作说明、其他准备信息等必要信息。

（18）中长期交易申报及成交情况，包括参与的主体数量、申报电量、成交的主体数量、最终成交总量及分电源类型电量、成交均价及分电源类型均价、中长期交易安全校核结果及原因等。

（19）绿电交易申报及成交情况，包括参与的主体数量、申报电量、成交的主体数量、最终成交总量、成交均价等。

（20）省间月度交易计划。

（21）现货、辅助服务市场申报出清信息，包括各时段出清总量及分类电源中标台数和电量、出清电价、输电断面约束及阻塞情况等。

（22）运行信息，包括机组状态、实际负荷、系统备用信息，重要通道实际输电情况、实际运行输电断面约束情况、省间联络线潮流、重要线路与变压器平均潮流，发输变电设备检修计划执行情况、重要线路非计划停运情况、发电机组非计划停运情况，非市场机组实际出力曲线，月度发用电负荷总体情况等。

（23）市场结算总体情况，包括结算总量、均价及分类构成情况，绿电交易结算情况，省间交易结算情况，不平衡资金构成、分摊和分享情况，偏差考核情况等。

（24）电力并网运行管理考核和返还明细情况，包括各并网主体分考核种类的考核费用、返还费用、免考核情况等。

（25）电力辅助服务考核、补偿、分摊明细情况，包括各市场经营主体分辅助服务品种的电量/容量、补偿费用、考核费用、分摊比例、分摊费用等。

（26）售电企业总体经营情况，包括售电企业总代理电量、户数、批发侧及零售侧结算均价信息，各售电企业履约保障凭证缴纳、执行情况、结合资产总额确定的售电量规模限额。

（27）交易总体情况，包括年度、月度、月内、现货交易成交均价及电量。

（28）发电机组转商情况，包括发电机组、独立储能完成整套设备启动试运行时间。

（29）到期未取得电力业务许可证的市场经营主体名单。

（30）市场干预情况原始日志，包括干预时间、干预主体、干预操作、干预原因，涉及《电力安全事故应急处置和调查处理条例》（中华人民共和国国务院令第 599 号）规定电力安全事故等级的事故处理情形除外。

十三、市场运营机构应当向特定市场成员披露的特定信息

（1）成交信息，包括各类交易成交量价信息。

（2）日前省内机组预计划。

（3）月度交易计划。

（4）结算类信息，包括各类交易结算量价信息、绿证划转信息、日清算单（现货市场）、月结算依据等。

（5）争议解决结果。

第三节　披露信息调整

信息调整是指市场成员扩增或变更本细则规定的披露信息，包括新增披露信息，变更披露内容、披露范围、披露周期等。市场成员可申请扩增或变更信息，申请内容应包括扩增或变更信息内容、披露范围、披露周期、必要性描述、申请主体名称、联系方式等，并将申请发送至信息披露平台。

电力交易机构收到扩增信息披露申请后在交易平台发布相关信息，征求市场成员意见。受影响的市场成员在信息发布后7个工作日反馈意见，电力交易机构将汇总各市场成员的反馈意见并形成初步审核建议，并报国家能源局西北监管局审核，审核结果通过电力交易平台专栏公示。审核通过后，电力交易机构组织相关信息披露主体开展披露工作。

当现货市场信息出现变更时，电力交易机构应及时发布变更说明。

征得电力用户同意后，电网企业和市场运营机构应当允许售电企业和发电企业获取电力用户历史分时用电数据、用电信息等有关信息，并约定信息开放内容、频率、时效性，以满足市场主体参与现货交易的要求。

第四节　信息保密和封存

任何市场成员不得违规获取或者泄露未经授权披露的信息。市场成员的工作人员未经许可不得公开发表可能影响市场成交结果的言论。市场成员应当建立健全信息保密管理制度，定期开展保密培训，明确保密责任，必要时应当对办公系统、办公场所采取隔离措施。

信息披露主体在披露、查阅信息之前应在信息披露平台签订信息披露承诺书。信息披露承诺书中应明确信息安全保密责任与义务等条款。

信息封存是指对关键信息的记录留存。任何有助于还原运行日（指执行日前电力市场交易计划，保证实时电力平衡的自然日）情况的关键信息应当记录、封存。封存信息

包括但不限于：

（1）运行日市场出清模型信息。

（2）市场申报量价信息。

（3）市场边界信息，包括外来（外送）电曲线、检修停运类信息、预测信息、新能源发电曲线、电网约束信息等。

（4）市场干预行为，包括修改计划机组出力、修改外来（外送）电出力、修改市场出清参数、修改预设约束条件、调整检修计划、调整既有出清结果等，应当涵盖人工干预时间、干预人员、干预操作、干预原因、受影响主体以及影响程度信息等。

（5）实时运行数据，包括机组状态及机组出力曲线、电网实时频率等。

（6）市场结算数据、计量数据。

市场运营机构应当建立市场干预记录管理机制，明确记录保存方式。任何单位或者个人不得违法违规更改已封存信息。市场干预记录应当报市场管理委员会备案，国家能源局西北监管局可定期对市场干预行为进行监管，保证市场干预行为的公平性。

市场信息的封存期限为五年。封存的信息应当以易于访问的形式存档，并且存储系统应当满足访问、数据处理和安全方面的要求。

第五节　监督管理

国家能源局西北监管局对市场成员的信息披露进行监督。宁夏电力交易中心配合国家能源局西北监管局开展信息披露监管工作，对未按本规则披露信息的信息披露主体，采取提醒信息披露主体、报送国家能源局西北监管局等方式进行管理。

市场成员应做好电力市场信息披露工作，不得出现以下行为：

（1）信息披露不及时、不准确、不完整的。

（2）制造传播虚假信息的。

（3）发布误导性信息的。

（4）其他违反信息披露有关规定的行为。

对出现上述行为的市场成员，纳入电力交易信用评价。国家能源局西北监管局可依法依规将其纳入失信管理，采取有关监管措施，并根据《电力监管条例》等有关规定作出行政处罚。

国家能源局西北监管局组织专业机构对各市场成员披露信息的及时性、完整性、准确性等情况作出评价，评价结果向所有市场成员公布，并抄送自治区发改委有关部门。

第六节　信息披露市场服务

为推动各市场主体及时发布信息，宁夏电力市场积极打造互通互动式市场信息披露平台。主要包括优化完善信息披露平台功能，规范信息披露流程，增加信息披露渠道，拓展披露方式，提升市场信息透明度和市场主体查询体验。严格按照与用户约定内容、频率、时效性，及时规范向用户提供历史分时用电数据等相关信息，在用户授权后向售电企业和发电企业提供有关数据信息，有效支撑用户和市场主体参与分时段交易、现货市场。

电力市场信息披露是电力市场公开透明高效运行的重要基础，是近几年市场主体最为关注、最希望改善的服务内容，同时也是政府部门的监管重点，对于电力市场健康有序发展具有重要意义。宁夏电力市场信息披露注重强化信息披露标准化建设，严格落实国家及地方政府信息披露相关文件要求，明确细化信息披露类别、内容、格式、流程、时限等要求，分类梳理本单位信息披露应批尽批情况，不断提高信息披露标准化、规范化水平。注重提升信息披露服务体验，拓展信息披露渠道，优化信息披露展示界面，简化查找层级，探索热点信息自动置顶、主动推送等服务，不断提高市场主体查阅、获取信息便捷性。

第十一章 电力交易平台操作方法

电力交易平台是实现电力交易的重要载体，为适应电力市场化改革要求，促进电力市场健康、有序发展，推进全国统一电力市场体系建设，满足电力交易组织平台化运作要求，宁夏电力交易公司完成了电力交易平台的研发及部署工作，为规范、高效开展直接交易、合同转让交易等多品种电力交易提供了技术支撑和保障。

电力交易平台分为两级部署，包括国家级的北京电力交易平台和 27 家省级交易平台，实现了国家电网公司经营区域内的全面覆盖。市场主体可以通过互联网访问电力交易平台，参与有关市场化交易，及时掌握电力交易信息资源。电力交易平台主要包括市场服务、市场出清、市场结算、市场合规和信息发布等业务模块，实现了电力交易核心业务平台化运作。

电力交易平台是国内首套支持电力用户直接交易全业务流程在线运作的平台，平台之间纵向贯通、横向融合，能够支撑多品种、多周期交易并发运营，支撑全国范围的能源资源优化配置和电力用户直接交易，为发电企业、电力用户等市场主体提供公开、透明、高效的市场服务。

第一节 宁夏电力交易平台总体建设情况

为促进全国统一电力市场建设，按照"统一市场、两级部署"的建设思路，采用"云架构＋微服务"的技术路线，在北京电力交易中心的统筹安排下，宁夏电力交易公司于2020 年 11 月启动电力交易平台建设，协调国网宁夏电力公司数字化部、信通公司组织实施筹备工作；2021 年 4 月完成云平台搭建部署，同时分配所需云虚拟机及容器等软硬件资源；2021 年 6 月底完成系统部署并上线试运行；2021 年 8 月初组织市场主体在宁夏电力交易平台开展模拟月度交易，交易符合预期效果，持续组织多轮次模拟交易测试及双轨制运行，于 9 月 28 日前开展单轨制运行，全面支撑宁夏电力市场的各项业务开展。电力交易平台是世界首套基于云架构搭建的大型电力市场技术支撑系统。

如图 11-1 所示，宁夏电力交易平台遵循"一平台、一系统、多场景、微应用"的公司信息化建设理念，遵从公司统一技术架构，在充分继承前期建设成果的基础上，坚持以安全为基础，以客户为中心，以服务为根本，按照"需求导向、统一设计、集中研发、云端部署、稳步实施"的整体思路，基于一体化"国网云"平台和全业务统一数据中心，实现各专业数据高效交互和价值挖掘，建设新一代电力交易平台。平台建设思路如图 11-2 所示。

图 11-1　宁夏电力交易平台建设理念

图 11-2　宁夏电力交易平台建设思路

通过确定平台数据最小颗粒度，构建考虑输电元素的交易路径库和结算路径库、统一标准编码等方案，实现"市场注册、交易、合同、计划、结算、统计分析"全流程数据贯通，全面支撑"中长期与现货、交易与调度、省间与省内"业务协同，实现电力交易平台全业务流程的自动化和数字化，如图 11-3 所示。

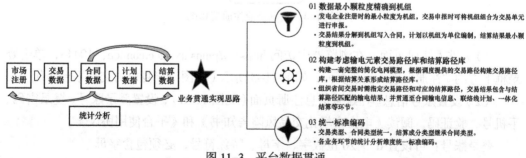

图 11-3　平台数据贯通

第二节 市场注册流程

一、发电企业注册

1. 业务项描述

发电企业注册是指发电企业在进入市场前进行企业及机组信息注册业务。发电企业可以登录电力交易平台按相关政策规定填报详细注册信息,电力交易机构受理发电企业电力市场注册申请,对其注册资料进行完整性形式审查,无问题后,完成注册全过程归档管理。发电企业注册信息是发电企业后续参与市场交易、结算业务的数据基础。

2. 注册流程图(见图11-4)

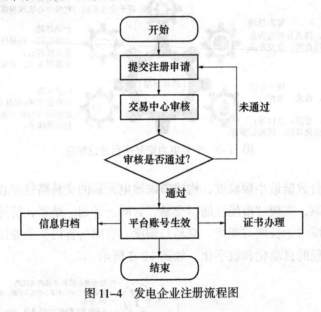

图11-4 发电企业注册流程图

(1)进入注册页面。在浏览器中访问 https://pmos.nx.sgcc.com.cn:10443,单击登录框下方的"注册"进入注册页面,如图11-5所示(截图以宁夏电力交易平台为例)。

(2)设置账号信息。在账号信息注册页面(见图11-6),设置登录账号、登录密码、手机号、验证码,阅读《电力市场化交易风险告知书》和《平台使用协议》。

登录账号:可设置6~20位数字、字母、特殊符号,必须包含字母。

密码:可设置5~20位大小写字母、数字、特殊字符的组合格式。

手机号:可输入本企业或个人联系方式。

验证码:手机号输入完成后,单击"发送验证码",获取验证码信息。

图 11-5 网站首页

《电力市场化交易风险告知书与平台使用协议》需完整阅读电力市场化交易风险告知书后，勾选"我已阅读《电力市场化交易风险告知书》和《平台使用协议》，并完全理解和同意，自愿承担电力市场交易中的各种风险引致的全部后果及损失"，然后单击"下一步"。

必须将账号信息填写完整后才能继续完成注册。

图 11-6 注册界面

单击图 11-7 所示界面中"企业认证"进行认证。

图 11-7　完成注册

3. 选择市场成员类型

如图 11-8 所示，选择市场主体类型，选择发电企业类型，根据实际情况选择发电企业类型信息。

《入市相关协议》需完整阅读入市相关协议后，勾选"我已阅读入市相关协议并完全理解和同意，自愿承担电力市场交易中的各种风险引致的全部后果及损失"，然后单击"下一步"。

图 11-8　选择市场主体类型

（1）填写企业信息。发电企业需要填写市场成员的企业信息，包括工商信息、银行开户信息、联系信息等。填写完成后单击"下一步"，也可单击"暂存"，保留填写信息，如图 11-9、图 11-10 所示。

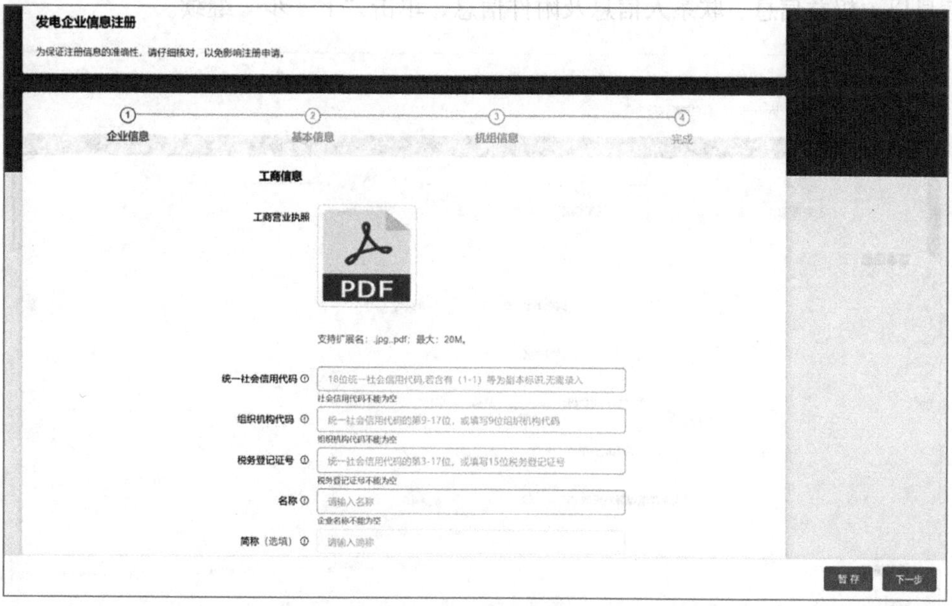

图 11-9　企业信息填写 1

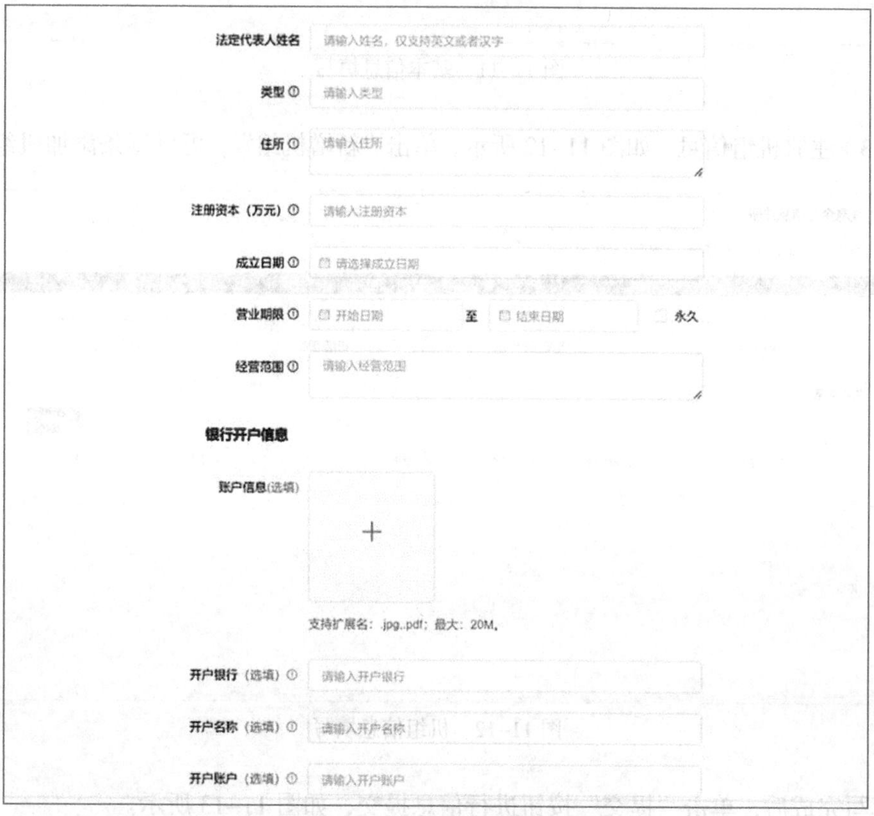

图 11-10　企业信息填写 2

（2）填写基本信息。如图 11-11 所示，用户需要填写发电企业基本信息，包括基本信息以、权益信息、联系人信息及附件信息，单击"下一步"继续。

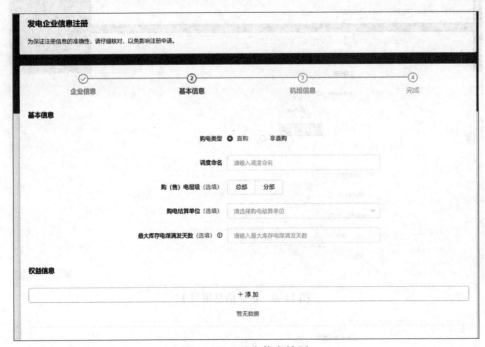

图 11-11　基本信息填写

（3）注册机组信息。如图 11-12 所示，单击"新增机组"，可以逐条添加机组信息。

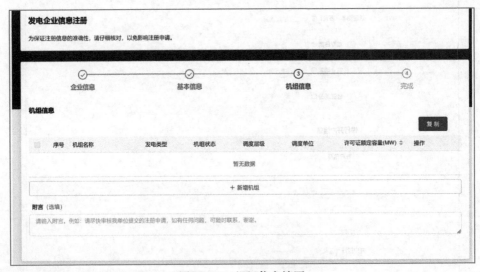

图 11-12　机组信息填写

填写完成后，单击"提交"按钮进行信息提交，如图 11-13 所示。

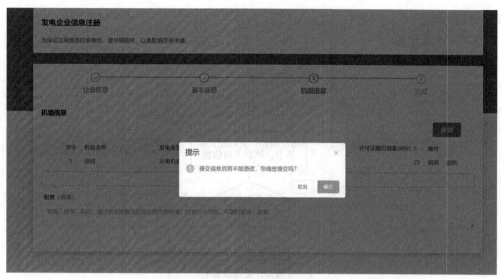

图 11-13　信息提交

（4）完成注册。信息提交后，即可完成本次注册，等待交易中心审核，如图 11-14 所示。

图 11-14　完成提交

二、电力用户注册

1. 业务项描述

电力交易机构依据政府发布的电力用户准入名单或准入范围要求，受理电力用户市场注册申请，完善、审核电力用户相关信息，待电力用户注册生效后完成资料归档的全过程管理。

2. 注册流程图

图 11-15 为省间平台统推版注册流程，具体以注册地所在交易中心实际要求为准。

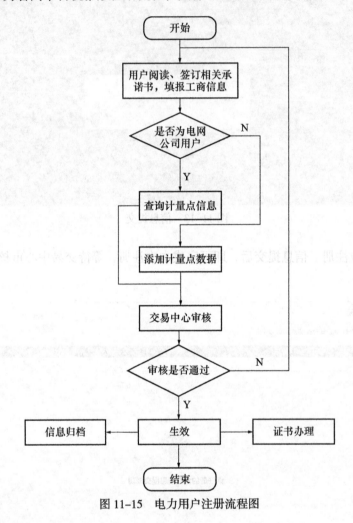

图 11-15 电力用户注册流程图

三、售电企业注册

1. 业务项描述

售电企业注册是指售电企业在进入市场前进行企业信息注册业务，售电企业可以登录电力交易平台按相关政策规定填报详细注册信息，电力交易机构依据政府相关管理部门发布售电企业准入退出管理工作要求，受理售电企业市场注册申请，对其注册资料进行完整性形式审查，无问题后，完成注册全过程归档管理。售电企业注册信息是售电企业后续参与市场交易、结算业务的数据基础。售电企业可根据有无配电网信息分为独立售电企业、配售电企业。

2. 注册流程图

多业务范围售电企业注册流程如图 11-16 所示。

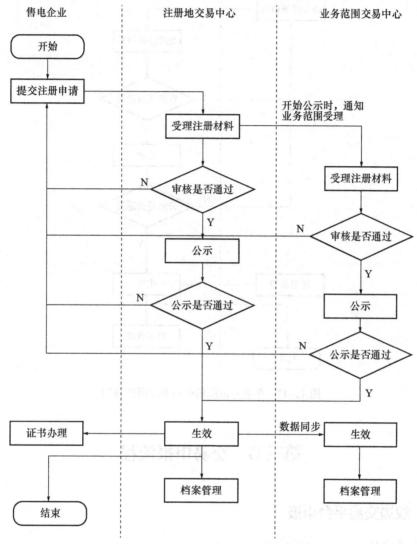

图 11-16　多业务范围售电企业注册流程图

单业务范围售电企业注册流程如图 11-17 所示。

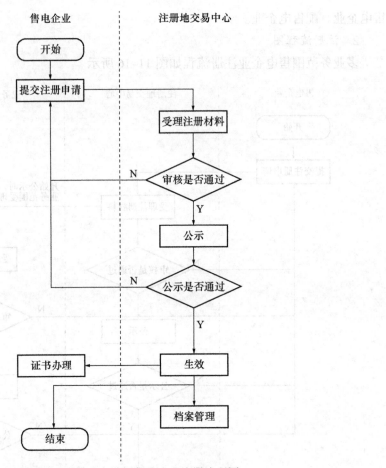

图 11-17　单业务范围售电企业注册流程图

第三节　交易申报流程

一、双边交易平台申报

1. 交易申报

登录宁夏电力交易平台（https：//pmos.nx.sgcc.com.cn：10443），选择一种登录方式进行账号验证，如图 11-18 所示。

进入首页后，如图 11-19 所示，在"我的交易"栏，可以看到所有参与的交易，也可通过常规菜单栏"中长期交易 — 交易"序列进入。下面以外网申报展示交易为例展示相关流程。单击对应"交易"，进入申报。

单击"交易"后，如图 11-20 所示，可以查看该笔交易的交易公告信息。阅读完公告（见图 11-21）后，单击"进入申报"。

图 11-18 登录界面

图 11-19 交易首页

图 11-20 交易公告

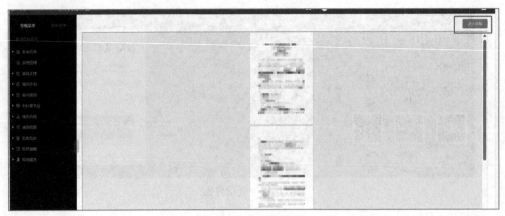

图 11-21　阅读公告

进入申报方申报环节（见图 11-22），单击"新增"按钮，进入图 11-23 所示页面。

图 11-22　申报页面 1

选择对应交易单元名称、时间段、确认方企业名称、确认方交易单元。选择后单击
"保存"按钮，单击右上角的"×"按钮进行返回。

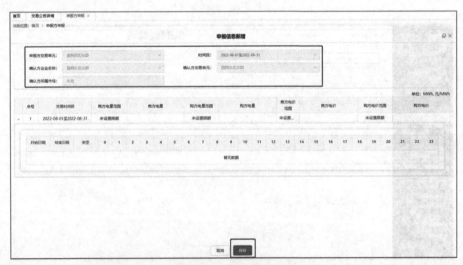

图 11-23　申报页面 2

可以看到已经新增了一条申报信息，如图 11-24 所示，接下来编辑此条信息的曲线数据。拖动下方滚动条至右侧，单击"编辑"按钮。

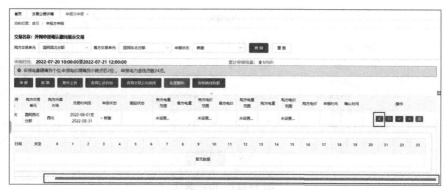

图 11-24　申报页面 3

进入申报曲线编辑页面，如图 11-25 所示，填写相关信息。若交易时间段内有多条曲线形状，单击"新增"按钮，维护开始时间、结束时间，填报曲线信息即可。填写完毕后，选中并单击"保存"，然后返回。

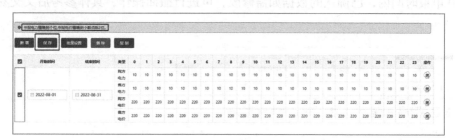

图 11-25　申报页面 4

编辑结束后可以看到相关的申报信息，如图 11-26 所示，确认无误后单击"申报"按钮。

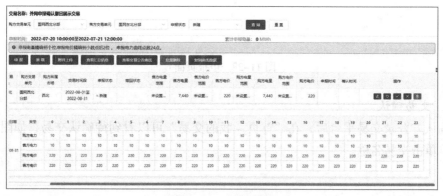

图 11-26　申报页面 5

单击"申报"按钮后，可以看到申报数据汇总，如图 11-27 所示，再次确认无误后，单击"确认申报"按钮。

图 11-27　申报确认

此时可看到此条数据已经从新建状态转为待确认，如图 11-28 所示，交易进入下一流程。

在申报时间内，未确认的数据，可以随时进行修改。

在申报时间内，已确认的数据如需修改，可进行撤回操作，具体参考后文交易撤回步骤。

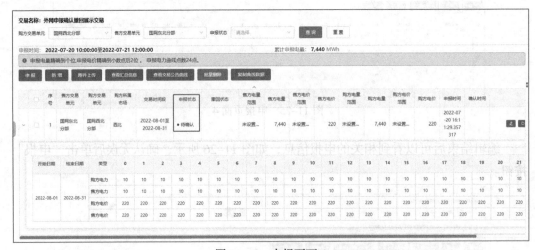

图 11-28　申报页面 6

2. 交易确认

确认方登录交易平台后，在"首页 - 我的交易"可以看到待确认交易，如图 11-29 所示，单击交易名称。

图 11-29　交易首页

单击"交易"后，可以查看该笔交易的交易公告信息。阅读完公告后，如图 11-30 所示，单击"进入申报"。

图 11-30　公告阅读

查看申报方申报数据，核对无误后，选中要确认的数据，如图 11-31 所示，单击"确认"按钮；如果申报有误，单击"不确认"按钮。

确认完毕后，此条数据变成已确认状态，等待申报时间结束后，转交易中心进行交易出清。

若数据有误且已进行确认，在交易申报的时间内，交易申报、确认双方均可对此笔数据提起撤销，一方撤销，一方确认撤销即可。同时申报方可继续申报正确数据，确认方确认正确数据。具体参考后文交易撤回步骤。

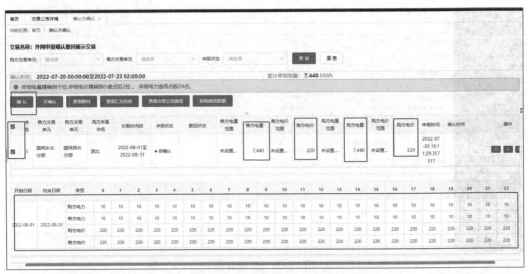

图 11-31 交易确认方确认

3. 交易撤回

双边交易申报、确认完成后，市场主体发现数据信息有误，在交易的申报时间内，可进行撤销，重新申报确认。

进入平台登录账户，选择需撤回交易序列，如图 11-32 所示，单击"进入申报"，并选择需要撤回的申报数据，选中后，单击"撤销"。购/售方均可提起撤销，一方提起撤销，另一方单击"√"确认撤销，此条数据便正式撤销。

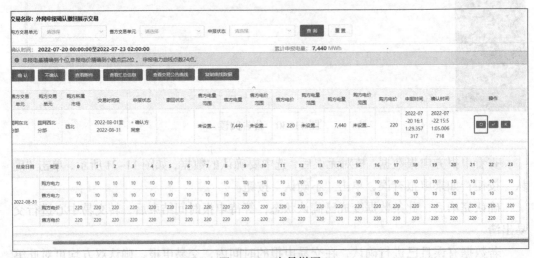

图 11-32 交易撤回

二、挂牌交易平台申报

1. 挂牌方挂牌

登录交易平台，如图 11-33 所示，单击要申报挂牌的交易，进行挂牌申报。

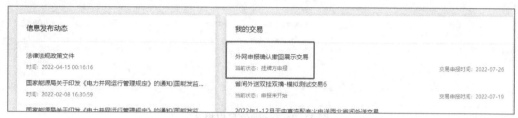

图 11-33　交易首页

选择挂牌信息，如图 11-34 所示，单击"编辑"按钮，填写挂牌信息。

图 11-34　挂牌信息填报 1

选择挂牌信息，单击"编辑"按钮，如图 11-35 所示，填写挂牌信息（电力/电价），填写完毕后，选中数据，单击"保存"按钮。若存在多个时间段挂牌曲线，可单击"新增"添加时间段信息。

图 11-35　挂牌信息填报 2

此时可以看到挂牌信息如图 11-36 所示，选择后，便可发起申报。

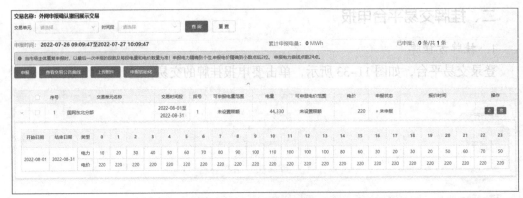

图 11-36　挂牌信息申报 3

2. 摘牌方摘牌

挂牌结束后，摘牌方在规定时间内可以登录交易平台，在首页可以看到待摘牌交易，如图 11-37 所示，单击对应交易，进行摘牌。

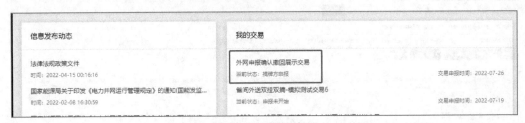

图 11-37　交易首页

进入申报页面后，可以看到目前摘牌量为 0，如图 11-38 所示，随后填写相应摘牌电量，单击"查看挂牌信息"，浏览挂牌电量（电力）/电价，摘牌电量不得超过剩余发电能力。

图 11-38　摘牌信息填报 1

确认摘牌电量后，填写到红色框内，如图 11-39 所示，选中该条数据后，单击"申报"。

图 11-39　挂牌信息填报 2

确认申报信息后，如图 11-40 所示，单击"确认申报"，摘牌流程结束。

图 11-40　摘牌信息申报确认

若在摘牌时间内，发现申报电量有误，可单击"申报初始化"，如图 11-41 所示，进行申报电量撤回，重新进行电量填写、申报。

图 11-41　摘牌初始化

在摘牌申报时间结束后，由省公司统一对摘牌电量进行校核，然后转入交易中心处理。

3. 结果查看

登录交易平台，如图 11-42 所示，单击"中长期交易 — 结果查询"，选择要查询交易的交易名称，查询对应的预成交结果和成交结果。

图 11-42　交易结果查询

4. 合同查询

在菜单栏"我的合同"中选择当前合同页面，如图 11-43 所示，可查看用户合同信息。

图 11-43　用户合同信息

5. 结算单确认

在菜单栏"我的结算"中选择结算单确认页面，如图 11-44 所示，可查看用户合同结算信息。勾选需要确认的结算单，单击右方"确认"按钮，进行结算单确认。

图 11-44　结算单确认

参 考 文 献

[1] 丹尼尔，戈兰，朱治中. 电力系统经济学原理［M］. 北京：中国电力出版社，2007.

[2] 侯云鹤. 电力系统的群体智能优化及电力市场稳定研究［D］. 武汉：华中科技大学，2005.

[3] 曾次玲. 电力市场中发电企业的报价策略及相关问题研究［D］. 武汉：华中科技大学，2005.

[4] 鲁丽娟. 电力市场中市场力相关问题研究［D］. 武汉：华中科技大学，2004.

[5] 朱道林. 招拍挂不能走回头路［J］. 城市开发，2010（4）：68-69.

[6] 陈虹，吕忠梅. 经济法原理新说之一：国家干预［J］. 法学论坛，2003，18（4）：54-60.

[7] 何文龙. 试论经济法的本质［J］. 知识经济：康健，2007（11）：24-24.

[8] 闫海. 经济法调整对象的经济学研究——从国家与市场经济角度的思考［J］. 研究生法学，2001（2）：38-43.

[9] 何自云. 等价交换与双赢合作［J］. 中国金融，2010（23）：96-96.

[10] 潘连柏，徐艳兰. 西方经济学［M］. 上海：上海财经大学出版社，2017.

[11] 陈孝兵. 论企业的经济自由及其限度［J］. 江淮论坛，2005（5）：5-11.

[12] 谭韬. 电力市场动态演化及其混沌控制研究［D］. 长沙：长沙理工大学，2009.

[13] 江奔东. 论资源配置的政府调控［J］. 山东社会科学，2002（4）：29-34.

[14] 高鸿业. 西方经济学. 微观部分：名师导读版［M］. 北京：中国人民大学出版社，2015.

[15] 张利. 电力市场概论［M］. 北京：机械工业出版社，2014.

[16] Battamir E. 基于电力经济学原理的蒙古电力市场设计与购电决策研究［D］. 北京：北京交通大学，2020.

[17] 杨旭华. 供电企业顾客满意度研究［D］. 天津：天津大学，2004.

[18] Thomas，Christopher，Maurice，S. Charles. 管理经济学［M］. 北京：机械工业出版社，2018.

[19] 菅学辉. 高比例可再生能源并网下的调峰调频机制研究［D］. 济南：山东大学，2018.

[20] 汤瑞欣. 电力市场中博弈行为智能化研究［D］. 广州：广东工业大学，2021.

[21] 刘文琼. 电力市场下发电商报价行为的随机分布模型研究［D］. 重庆：重庆大学，2010.

[22] 李瑞庆，谢敬东，王磊. 电力商品的特性对电力市场建设的影响与展望［J］. 华东电力，2009，37（1）：73-77.

[23] 王权. 基于多时间尺度耦合的电力市场交易结算模式研究［D］. 吉林：东北电力大学，

2021.

［24］中国电力企业联合会. 坚持正确方向稳妥有序推进售电侧改革［J］. 中国电力企业管理,
2016（2）：3.

［25］程杰. 电力市场中电力系统可靠性评估分析［D］. 保定：华北电力大学, 2014.

［26］吴兴华, 周晖. 基于减法聚类及自适应模糊神经网络的短期电价预测［J］. 电网技术,
2007, 31（19）：69-73.

［27］金璐. 四川辖区大用户直购电试点研究［D］. 成都：西南交通大学, 2005.

［28］姜苗芬. 论我国电力法律基本制度——兼论我国电力法修改与完善［C］. 资源节约型、
环境友好型社会建设与环境资源法的热点问题研究——2006 年全国环境资源法学研讨
会论文集（二）. 中国法学会环境资源法学研究会, 中国法学会环境资源法学研究会,
2006：7.

［29］窦文彤. 制度经济学视角下的信访制度研究［D］. 济南：山东大学, 2012.

［30］杨生叶, 王其兵. 非竞价市场中的电力交易［J］. 太原科技, 2009（9）：69-70.

［31］黄仁辉, 张粒子, 王茜, 等. 输电冗余对现代电力市场效率的影响研究（一）——现代
电力市场效率与交易成本理论［J］. 现代电力, 2010, 27（3）：75-79.

［32］叶泽. 电价理论与方法的组合应用［J］. 中国电力企业管理, 2014（11）：32-36.

［33］黄仁辉. 电力金融市场微观结构理论与实现路径研究［D］. 北京：华北电力大学,
2010.

［34］谭真勇. 负荷率电价的理论依据、计算方法与政策选择［D］. 长沙：湖南大学,
2013.

［35］万仲平, 肖昌育, 王先甲, 等. 不确定市场下的一种二层规划最优竞价模型［J］. 电力
系统自动化, 2004, 28（19）：12-16.

［36］赵紫原. 我国将逐步取消工商业目录电价［N］. 中国能源报, 2020-04-20（012）.

［37］李亚昕. 电改环境下计及售电公司风险的 DSM 分时电价优化研究［D］. 长沙：湖南大学,
2020.

［38］叶泽. 电力电量平衡的经济学分析［J］. 中国电力企业管理, 2020（28）：36-41.

［39］杨丽彬, 赵霞, 叶泽, 等. 区域电网两部制输电价格的科学设计与合理应用——基于两部
制定价"产量扩大效应"的理论诠释［J］. 价格理论与实践, 2022（12）：8-12, 65.

［40］赵紫原. 目录电价"解绑"影响几何［N］. 中国能源报, 2021-10-25（011）.

［41］黄波. 电力产业零售环节改革初探［D］. 杭州：浙江大学, 2006.

［42］艾东平. 电力市场发电权交易及相关问题的研究［D］. 北京：华北电力大学, 2011.

［43］王维超, 薛宇, 李更丰, 等. 电力能效统筹的市场交易体系及保障机制研究. ［J］. 电
网与清洁能源. 2017, 33（2）：1-7.

［44］宋学强, 马成林, 张怡, 等. 电力交易实践当中存在的问题及对策研究［J］. 电力设备管理,
2021（7）：151-152.

［45］董超，黄筱娿. 美国PJM电力市场及对广东电力改革的启示［J］. 云南电力技术，2017，45（1）：16-20.

［46］孙建平，戴铁潮. 北欧电力市场发展概况［J］. 华东电力，2006，34（12）：60-65.

［47］范孟华，马莉. 英国的低碳电改［J］. 国家电网，2014，（9）：68-71.

［48］李博，朱元成. 北欧电力市场辅助服务［J］. 中国电力，2008（4）：88-92.

［49］王子强，李豹，杜哲宇，等. PJM电力市场风险管控措施及对南方区域的建议［J］. 南方电网技术，2024 18（01）：28-37，68.

［50］黄会，唐捷，周海浪，等. 国外电力市场化改革发展以及对中国的启示［J］. 中国市场，2019（5）：3.

［51］杨明宇. 私募股权投资中对赌协议性质与合法性探析——兼评海富投资案［J］. 证券市场导报，2014，（02）：61-71.

［52］苏贲. 售电侧放开下电力市场化交易模式研究［D］. 武汉：湖北工业大学，2020.

［53］彭华涛，高维义. 高科技企业创业社会网络期权模型分析［J］. 武汉理工大学学报，2006（02）：131-133.

［54］陈建华. 中长期差价合同分解及相关问题的研究［D］. 杭州：浙江大学，2008.

［55］马莉，范孟华，郭磊，等. 国外电力市场最新发展动向及其启示［J］. 电力系统自动化，2014，38（13）：1-9.

［56］赵青，吴倩妮. 基于套期保值业务的期货、期权问题研究［J］. 中小企业管理与科技，2013（03）：88-89，90.

［57］张瑞友，韩水，张近朱，等. 一种适用于我国电力市场的输电定价方法［J］. 中国电机工程学报，2008，28（4）：78-8.

［58］张森林，张尧，陈皓勇. 大用户直购电国内外交易实践及成功经验［J］. 华东电力，2009，37（06）：993-998.

［59］余娜，霍悦. 从追赶到领跑 中国迈向电力强国［N］. 中国工业报，2019-09-19（A1）

［60］段钦. 电力市场改革下重庆L水电公司营销管理研究［D］. 重庆：重庆师范大学，2018.

［61］黄晓锦. 我国新电改方案下电力行业相关市场界定研究［J］. 中国物价，2015（3）：7-9.

［62］刘敦楠，许小峰，李根柱，等. 考虑供需不确定性与价格波动的电网企业代理购电优化决策［J］. 电网技术，2023，47（7）：2691-2702.

［63］马莉. 建设全国统一电力市场，开启电力行业新局面［J］. 财经界，2022（5）：6-7.

［64］俞庆. 电力市场化加速推进 激活售电侧价值竞争［J］. 中国电力企业管理，2021（34）：36-39.

［65］高硕. 从时间颗粒度审视电力市场体系建设方向［J］. 风能，2022，（4）：12-14.

［66］郑世林，汪亚楠. 我国电力改革期间电网企业生产率变化研究［J］. 中国社会科学院研

究生院学报，2015（6）：42-49.

［67］钟声. 全国电力市场体系建设面临的矛盾与相关建议［J］. 中国电力企业管理，2022（4）：26-29.

［68］张运洲，刘俊，张晋芳，等. 中国新能源"后补贴时期"发展分析［J］. 中国电力，2019，52（4）：1-7.

［69］姚雪青. 跨省发电权买卖，双赢！［J］. 新能源经贸观察，2018（5）：2.

［70］严亚男. 水电参与南方区域电力市场交易的若干问题研究［D］. 昆明：昆明理工大学，2006.

［71］王英鑫. 基于最优化算法的发电企业竞价策略研究［D］. 北京：华北电力大学，2010.

［72］吴文卓. 电力市场分时段耦合交易机制及其效益研究［D］. 北京：华北电力大学，2021.

［73］王权. 基于多时间尺度耦合的电力市场交易结算模式研究［D］. 吉林：东北电力大学，2021.

［74］周建华. 两步分时段电价收费的经济分析［J］. 企业经济，2004（6）：54-56.

［75］黄建安，王志萍. 基于销售策略的配电电价模型［J］. 中国电业（技术版），2013（4）：53-56.

［76］陈达，张靖，杨艳. 基于博弈论的入网电动汽车最优经济调度优化［J］. 贵州电力技术，2016，19（3）：9-12.

［77］陈校. 某办公楼配电变压器选择及技术经济评价［J］. 智能建筑电气技术，2014，8（5）：75-80，98.

［78］陈清瑞. 两部制电价制度与改进策略［J］. 发展改革理论与实践，2008（9）：7-8.

［79］陈炜. 优化计费模式降低牵引电费支出［J］. 中小企业管理与科技，2016（23）：54-55.

［80］陈传彬，杨首晖，王良缘，等. 国外电力期货产品设计逻辑及其对我国启示［J］. 价格理论与实践，2020（2）：51-54，174.

［81］张森林，孙延明，张尧. 南方电力市场省间合约转让与置换交易机制研究［J］. 电网技术，2012，36（12）：262-268.

［82］刘瑞丰，祁小芳，贺元康，等. 中国西北地区电力市场和清洁能源交易运营绩效分析［J］. 中国电力，2022，55（1）：159-167.

［83］郭晓慧. 基于交易行为的售电公司信用风险测度与防控机制研究［D］. 北京：华北电力大学，2022.

［84］董红，刘文革，朱志芳. 输配电价改革对广州电网规划的影响及应对策略［J］. 广东电力，2016，29（5）：42-45，66.

［85］张钦. 有关我国电价改革的几点探讨［J］. 能源技术经济，2011，23（2）：20-26.

［86］王彦，张建辉. 能源价格市场化路径研究——以陕西省为例［J］. 咸阳师范学院学报，

2017，32（6）：61-65.

[87] 邢国忠. 浅谈供电局的线损管理［J］. 中国新技术新产品，2013（3）：174-174.

[88] 孙大雁，关立，胡晨旭，等. 省间电力现货交易机制设计与探索［J］. 电网技术，2022，46（2）：421-428.

[89] 朱继忠. 美国电力市场的发展和实现方法分析［J］. 南方电网技术，2016，10（5）：22-28，101.

[90] 张紫鹤. 市场机制下基于随机生产模拟的新能源消纳能力研究［D］. 重庆：重庆大学，2021.

[91] 崔甲婧. 电力现货市场下某燃煤电厂成本控制研究［D］. 太原：太原理工大学，2022.

[92] 魏莉. 市场环境下区域电网输电定价方法探讨［J］. 会计之友，2021，000（21）：39-43.

[93] 唐成鹏. 引入强化学习的电力市场均衡分析方法及其应用研究［D］. 北京：华北电力大学，2022.

[94] 王蕾. 发电企业现货报价策略模型的构建［J］. 山东电力技术，2021，48（12）：77-82.

[95] 龚钢军，王慧娟，张桐，等. 基于区块链的电力现货交易市场研究［J］. 中国电机工程学报，2018，38（23）：6955-6966.

[96] 马靖宇，刘继春，刘俊勇. 一种基于曲线匹配的电量分配交易模型［C］. 中国电机工程学会电力市场专委会 2018 年年会论文集，2018：1-6.

[97] 景志林，商敬男，燕兆，等. 提升新能源发电企业省间电力现货交易价值的研究［J］. 中国能源，2022，44（7）：74-80.

[98] 陈筱中，刘伟，刘宇明，等. 基于山东电力现货市场的新能源电站盈亏策略研究［J］. 山东电力技术，2022，49（10）：53-59.